PRELUDES
BOOKS I & II COMPLETE

CLAUDE DEBUSSY

BOOK I

BOOK II

PRELUDES

Book I

I.

(... Danseuses de Delphes)

II.

Modéré (♩ = 88)
(Dans un rythme sans rigueur et caressant.)
p très doux
p
più p
pp expressif
pp
toujours pp
très doux
pp
pp

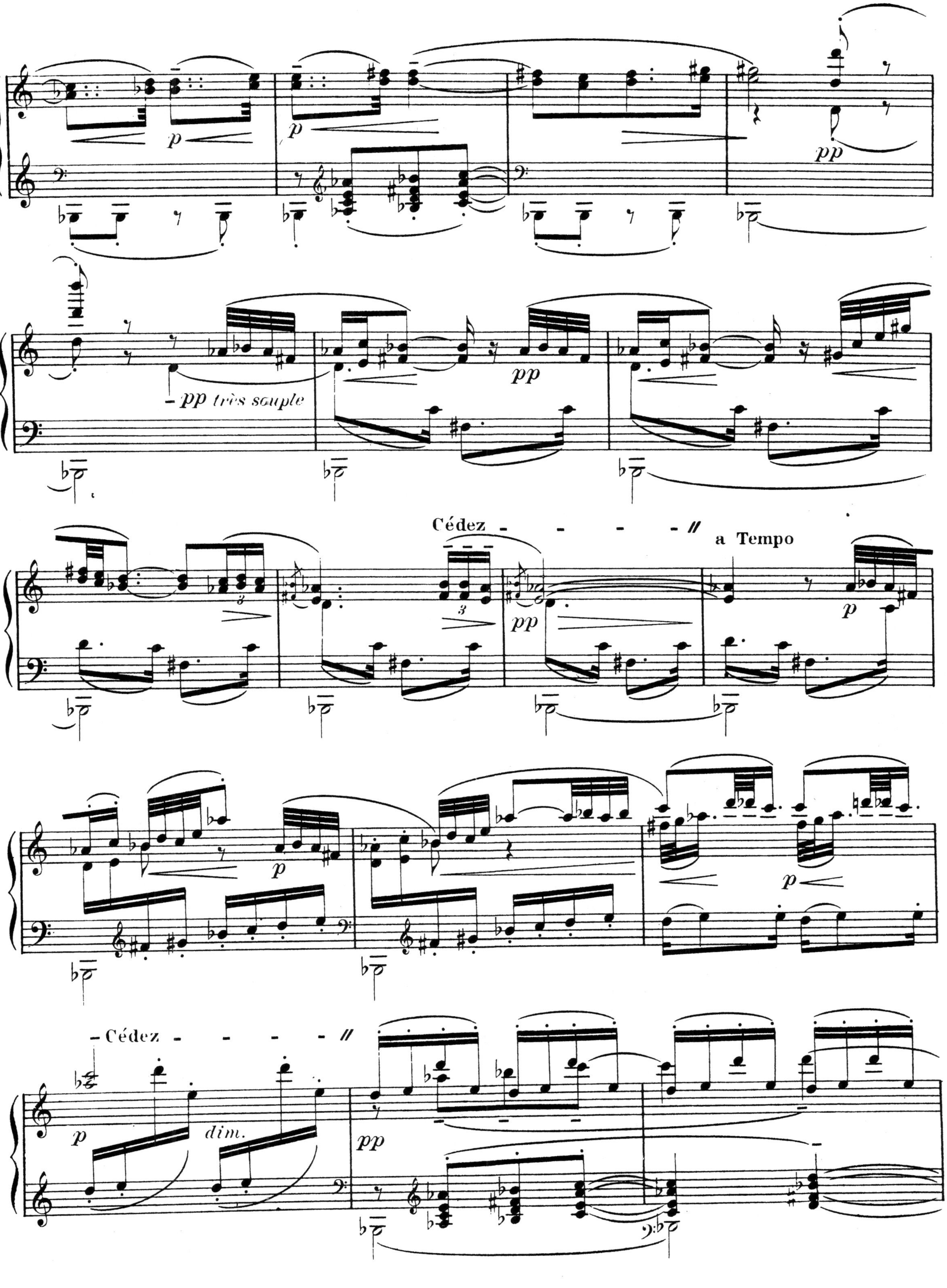
p
pp
pp très souple
Cédez - - - - //
a Tempo
Cédez - - - - //
dim.

pp
Serrez
Cédez
En animant
dim. molto
p
Emporté
Cédez
(rapide)
8
cresc.
molto
mf
f
molto
Très retenu
au Mouvᵗ
p
più p
pp
più pp
(comme un très
léger glissando)
pp

doucement en dehors
pp
pp
Très apaisé et très atténué jusqu'à la fin
più pp
8
3
Ped.
(. . . Voiles)

III.

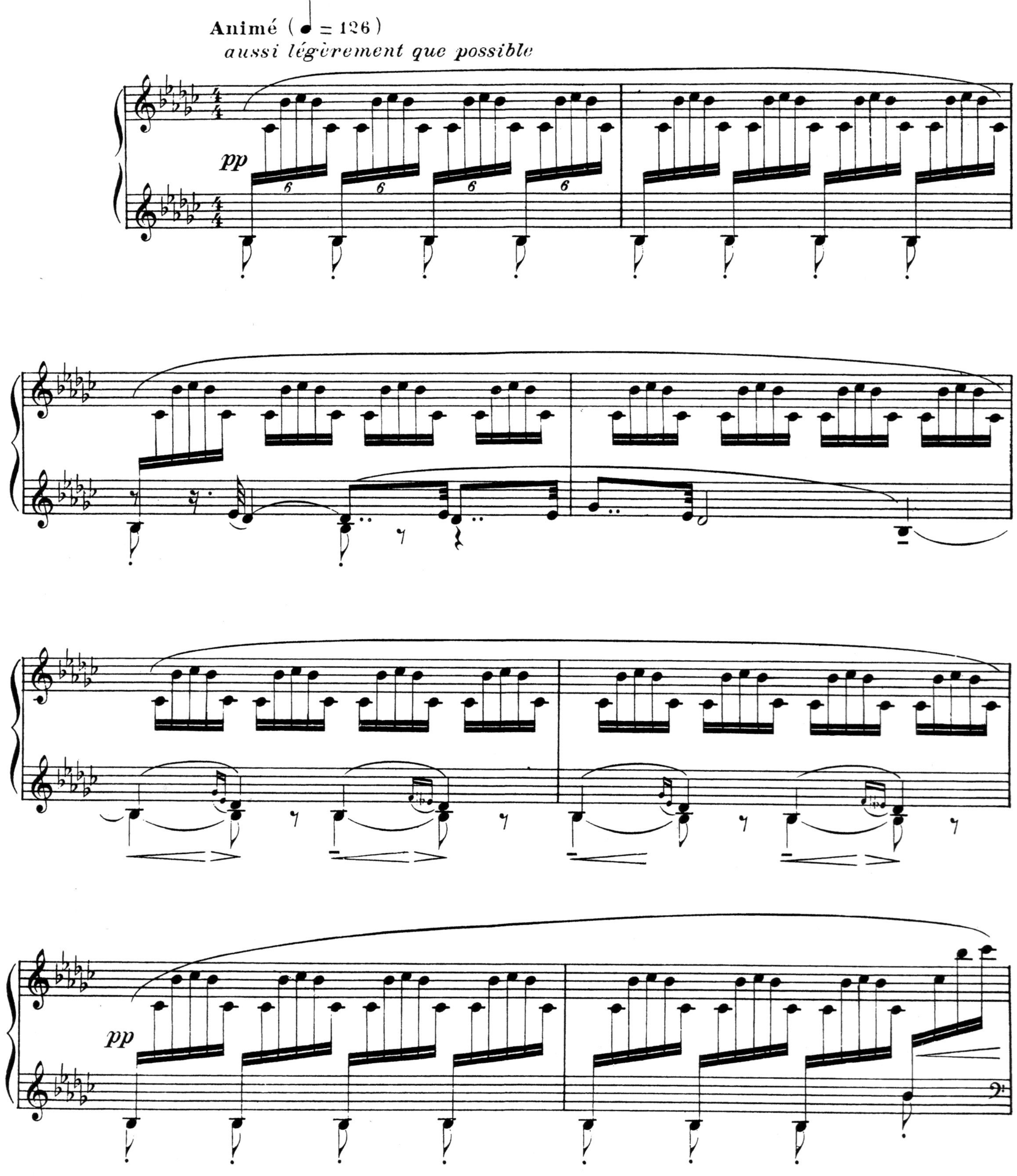

Cédez
a Tempo
Cédez
pp
a Tempo
p
sfz
p
pp
pp
pp
pp

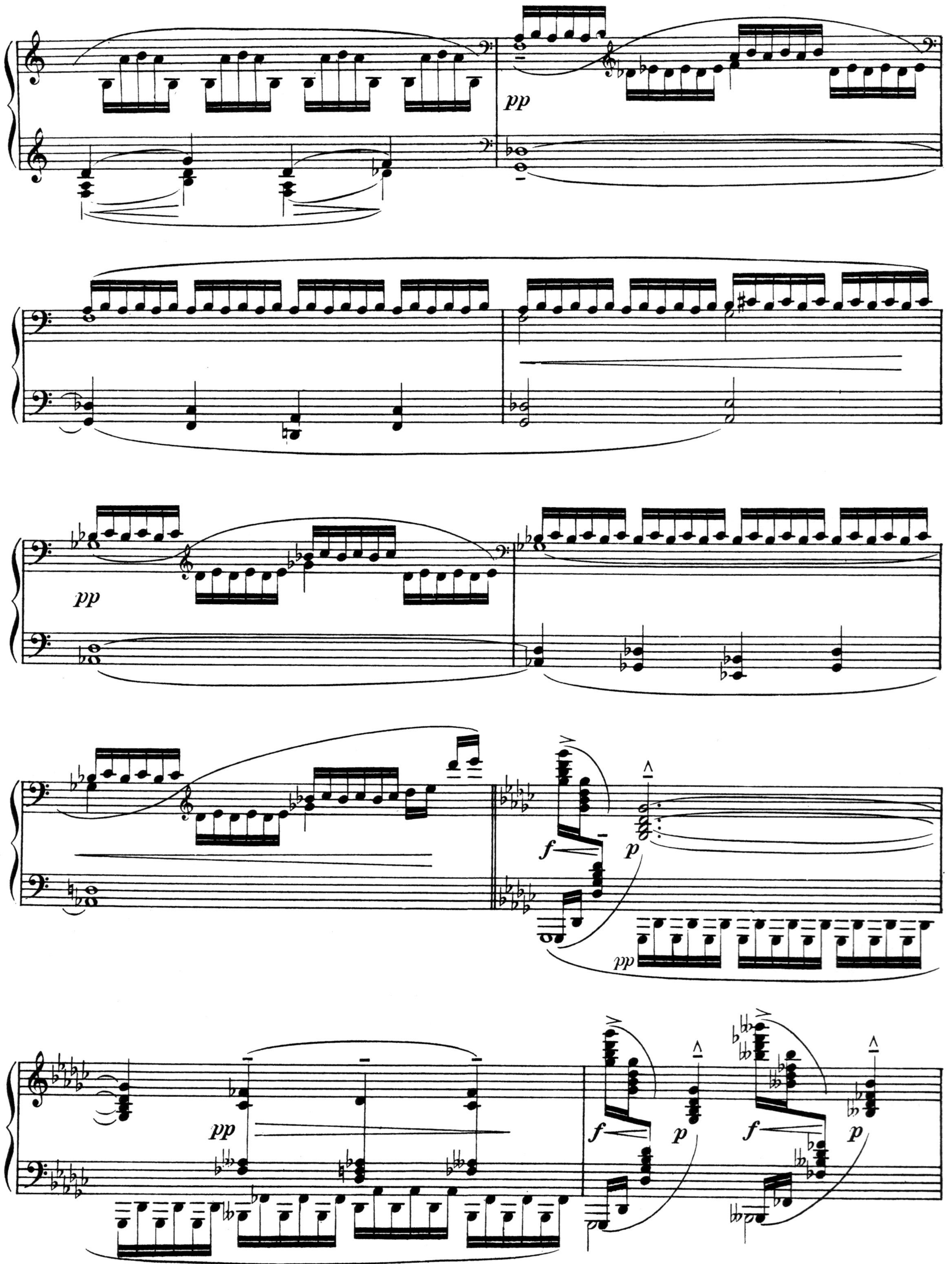

(... Le vent dans la plaine)

IV.

Modéré (♩ = 84)
(harmonieux et souple)
pp
(5/4)
pp
m.d.
m.d.
En animant un peu
m.d.
expressif
p
m.d.
p
mf
p
8
En retenant
a Tempo
égal et doux
p dim.
pp
m.d.
p
en dehors
Serrez un peu
Retenu
p
p

a Tempo
pp
pp
pp
m.d.
Plus lent
En animant
pp
p
mf
Cédez
Rubato
Serrez
Rubato
pp
mf
p
p
Serrez
p
la basse un peu appuyée et soutenu
Rubato
Serrez
mf
p
m.d.

(...Les sons et les parfums tournent dans l'air du soir)

V.

Très modéré
Vif (♪ = 184)
pp
pp léger et lointain
quittez, en
laissant vibrer

Très modéré
En serrant
pp
p
quittez, en
laissant vibrer

Vif
8
f
dim. molto leggiero
p
p

p joyeux et léger
pp

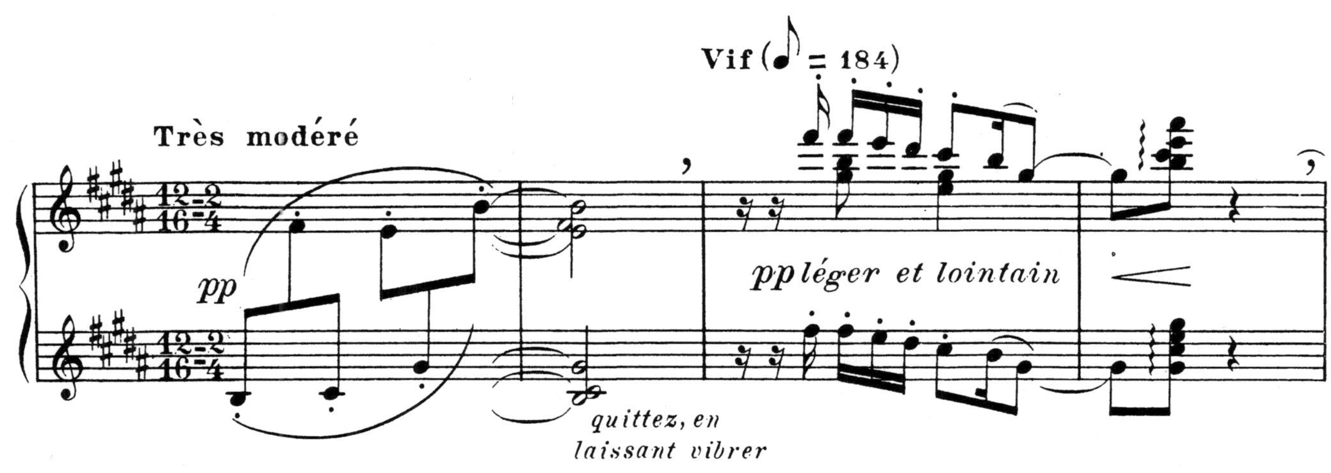

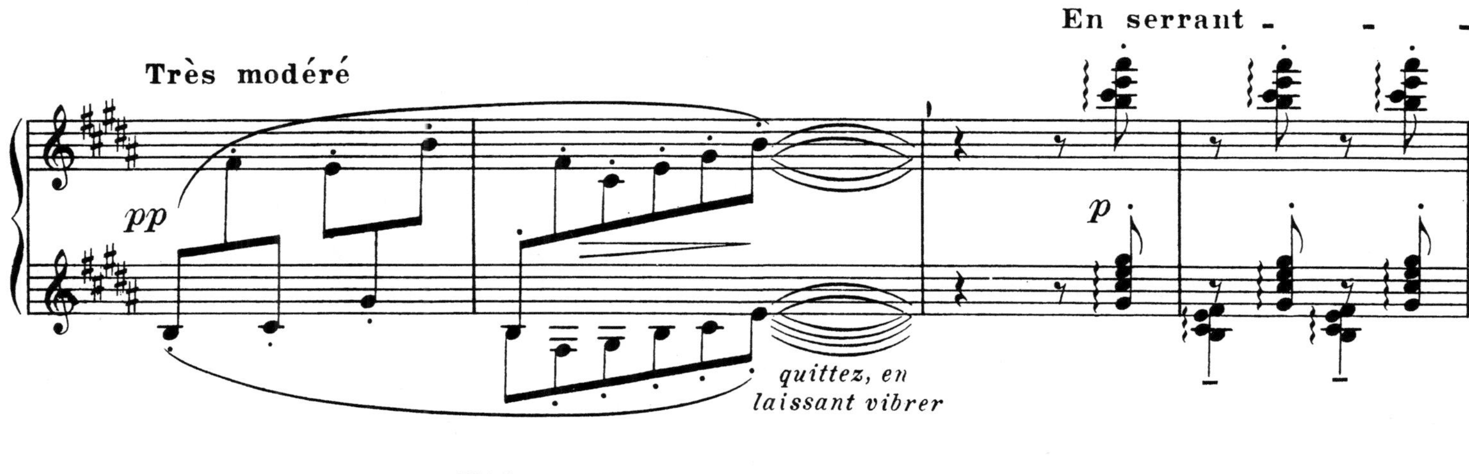

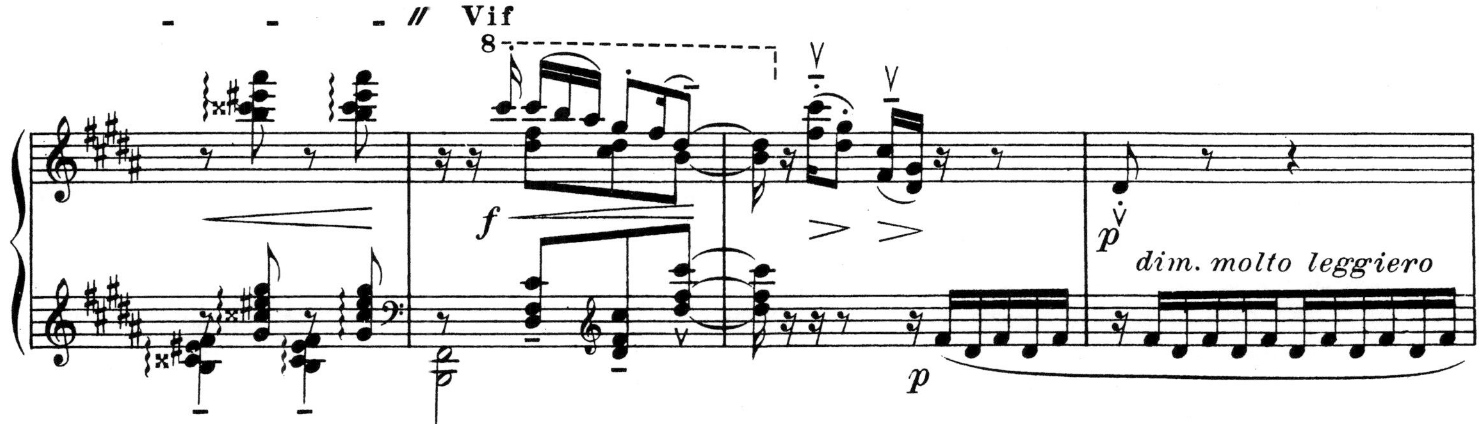

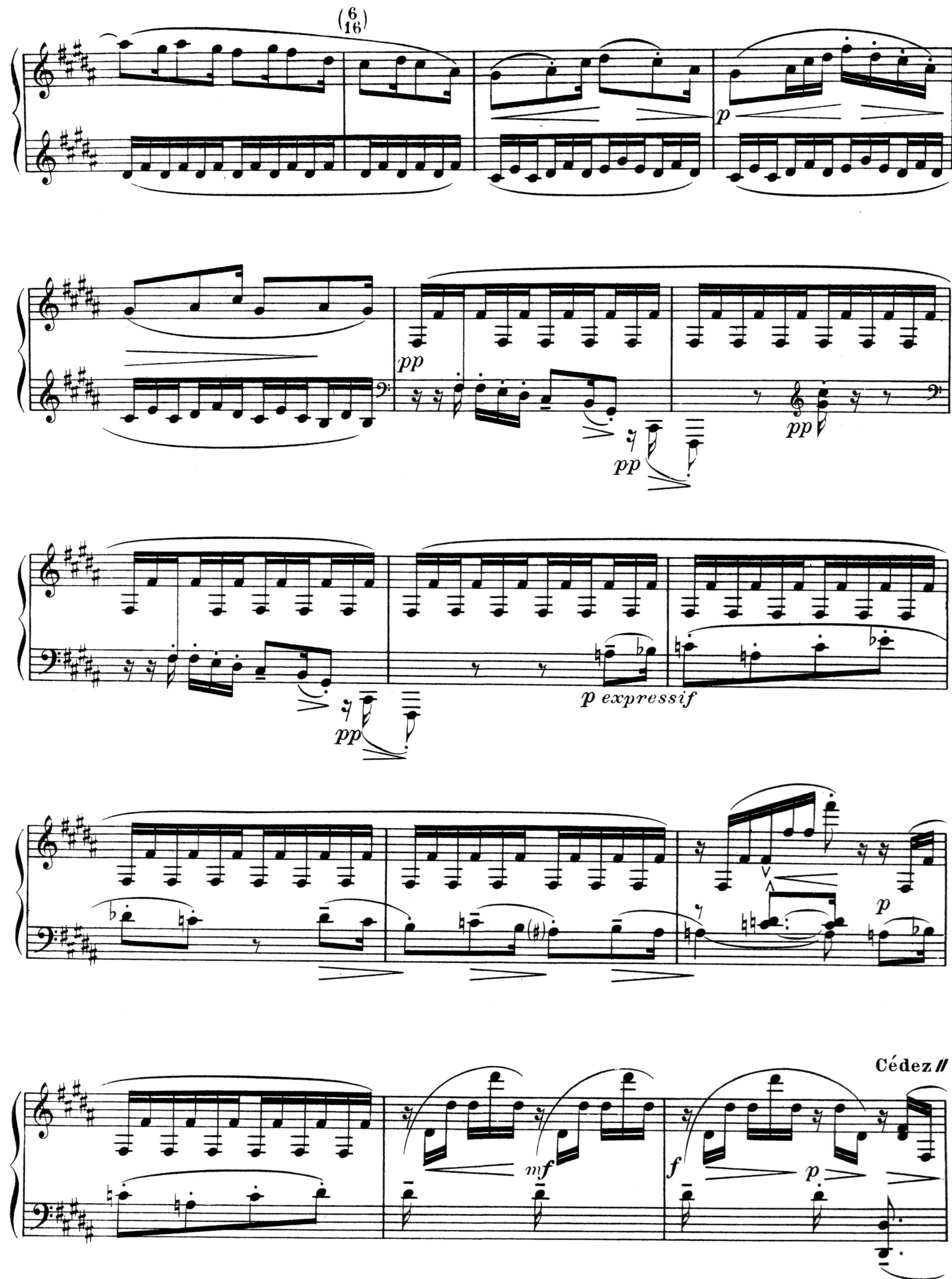

$\binom{6}{16}$
p
pp
pp
pp
p expressif
pp
p
Cédez //
mf
f
p

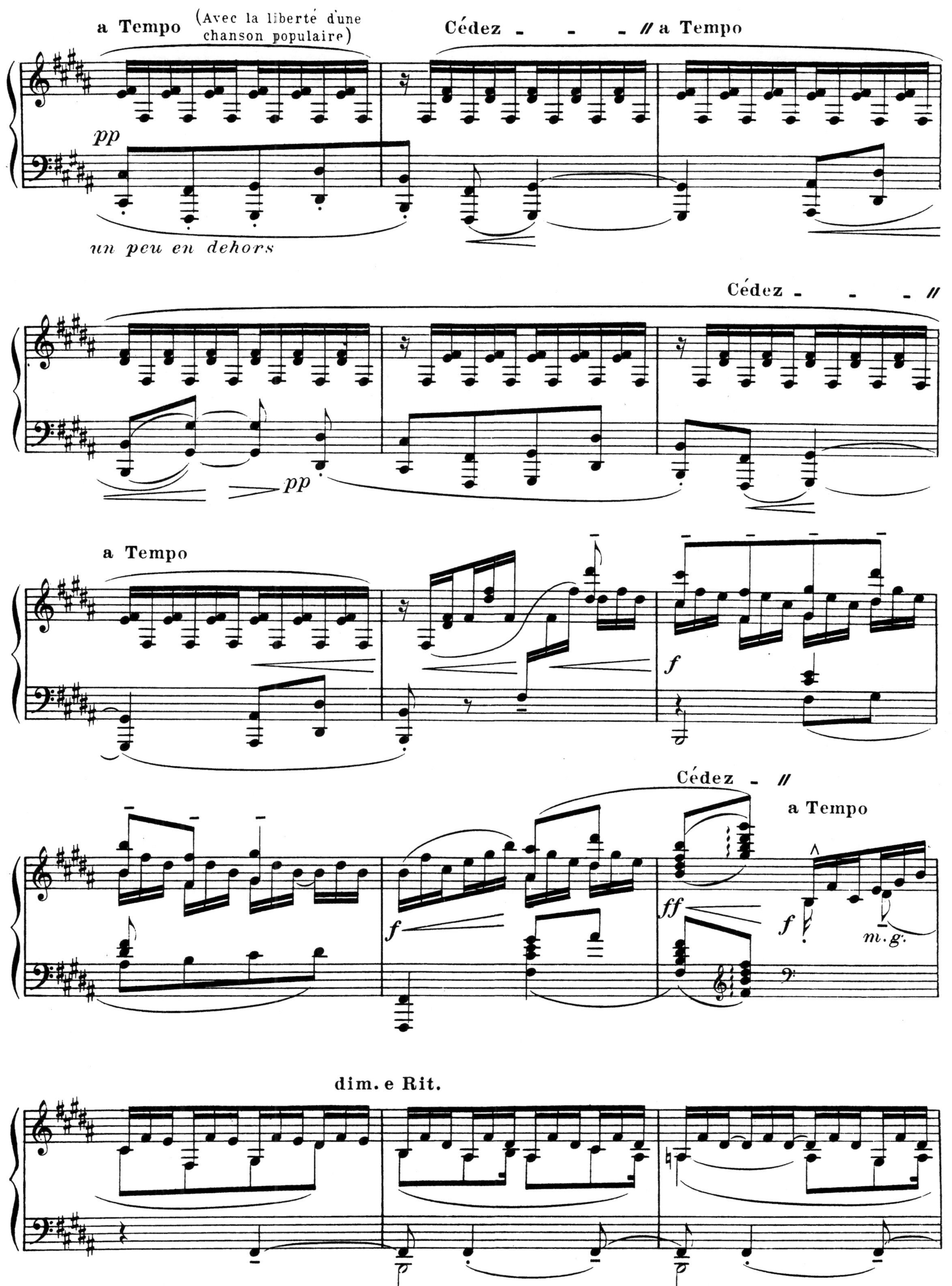

a Tempo (Avec la liberté d'une chanson populaire)
Cédez _ _ _ // a Tempo
pp
un peu en dehors
Cédez _ _ _ //
pp
a Tempo
f
Cédez _ //
a Tempo
f
ff
f
m. g.
dim. e Rit.

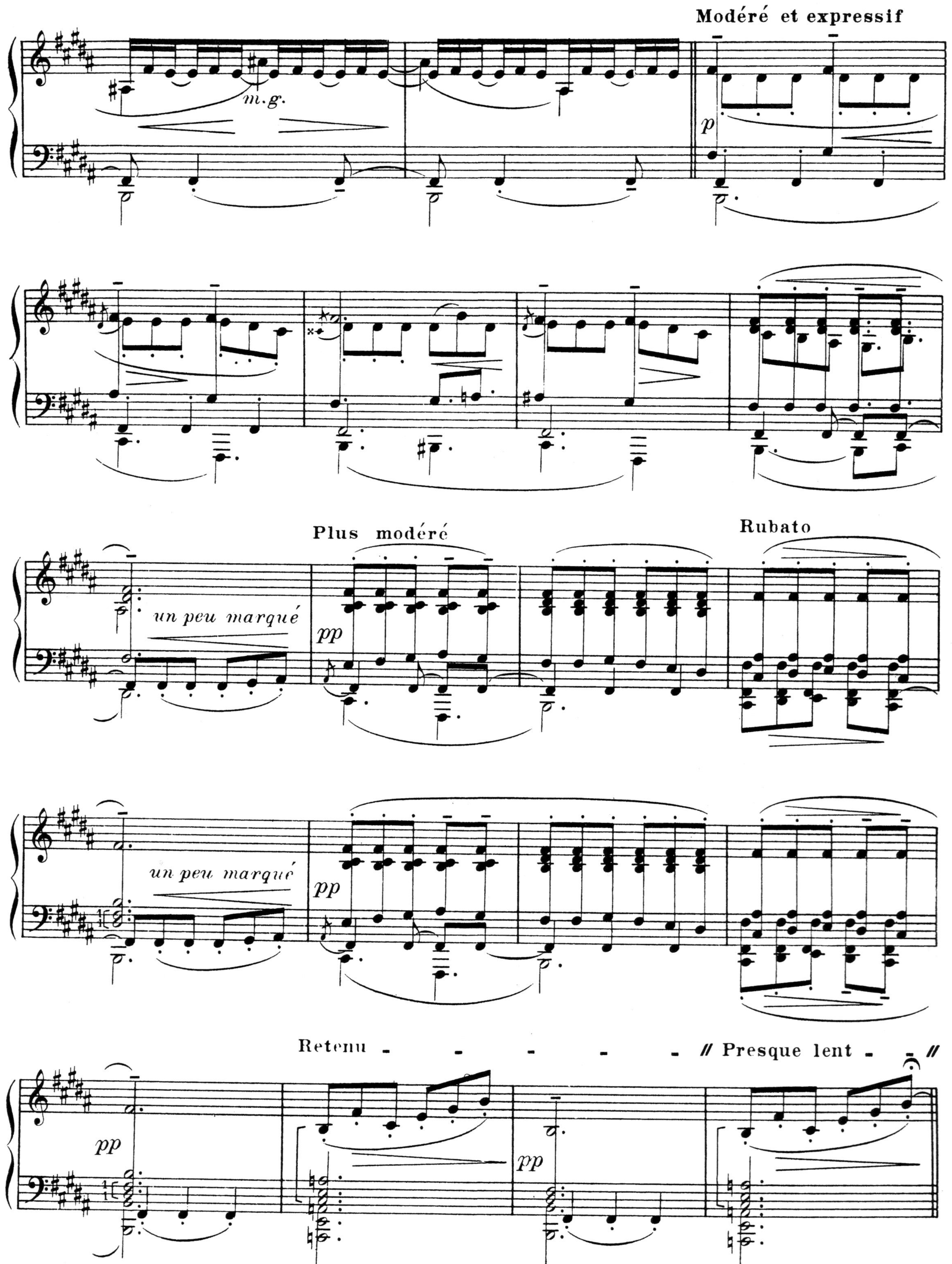

Modéré et expressif
m.g.
p
Plus modéré
Rubato
un peu marqué
pp
un peu marqué
pp
Retenu
Presque lent
pp
pp

a Tempo (Vif)
p cresc. molto
f
8
8
f
p
cresc. molto
Cédez - - // a Tempo
f
ff

(... Les collines d'Anacapri)

VI.

Triste et lent (♩ = 44)
pp
p expressif et douloureux
più pp
Ce rythme doit avoir la valeur sonore
d'un fond de paysage triste et glacé
m.d.
pp
expressif
Cédez
(2/4)
Retenu
pp
pp
p
pp
pp

(... Des pas sur la neige)

VII.

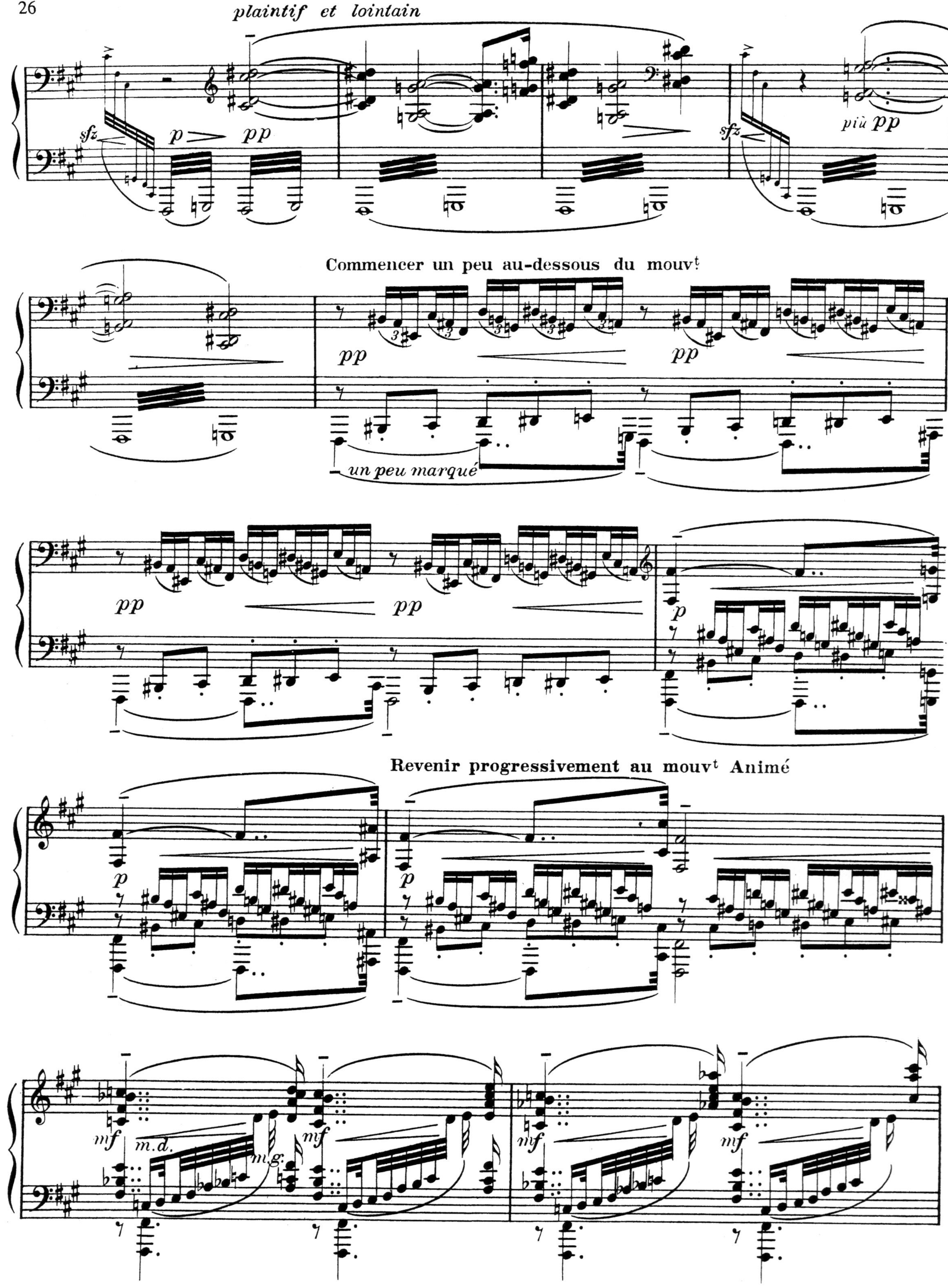
plaintif et lointain
Commencer un peu au-dessous du mouv^t
un peu marqué
Revenir progressivement au mouv^t Animé

strident
strident
dim. - - molto - - - -
Un peu retenu
p mais en dehors et angoissé
ff
ff
f
p
p
p
p
p
f

En serrant et augmentant beaucoup
très en dehors

non legato
(♩ = ♪)
peu a peu cresc. en serrant
f cresc. molto

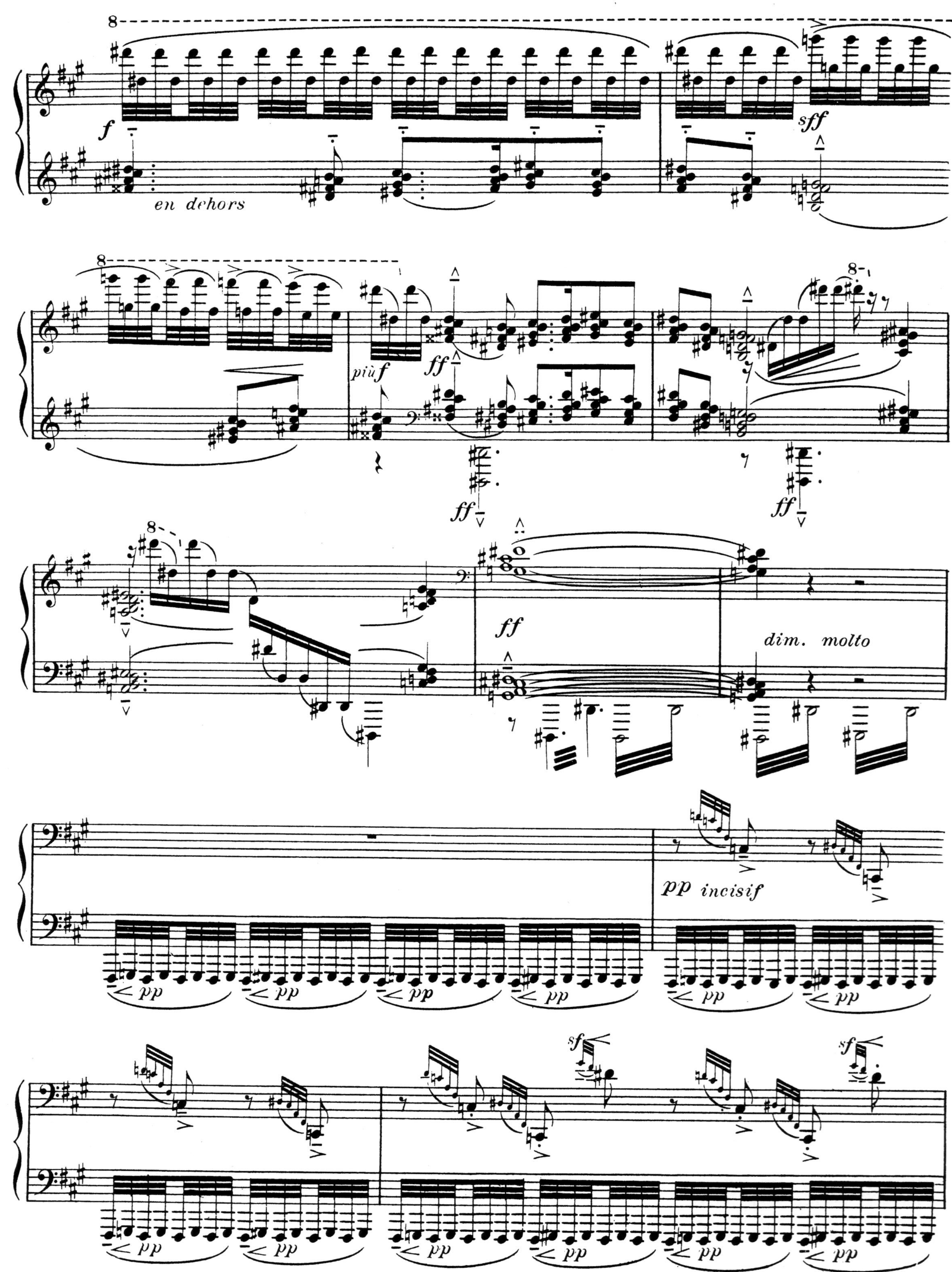
8
en dehors
f
sff
8
piùf
ff
ff
ff
8
8
ff
dim. molto
pp incisif
pp
pp
pp
pp
pp
pp
sf
sf
pp
pp
pp
pp
pp
pp

Furieux et rapide
f
ff
pp subito
8ª bassa
8ª bassa
più pp
p
Serrez et augmentez
sempre cresc.
Retenu
au Mouvᵗ
f
f
ff
sff sec
f
(... Ce qu'a vu le vent d'Ouest)

VIII.

Très calme et doucement expressif (♩ = 66)
p sans rigueur
p
p
Cédez
Mouv.ᵗ
dim.
p
p
p
più p
(très peu)
p
p
p
Un peu animé

33
Cédez - - // Mouv^t (sans lourdeúr)
p
pp
p
Cédez - // au Mouv^t
très doux
pp
Murmuré et en retenant peu à peu
pp
perdendo - - - - pp
(... La fille aux cheveux de lin)

IX.

Modérément animé

expressif et un peu suppliant
(estompé et en suivant l'expression)
Cédez _ _ _ _ _ _ _ // a Tempo
pp
Très vif
f
sff
Retenu _ _ _ _ // a Tempo
m.d.
p
dim. molto
pp

mf
p
Librement
5
Retenu
p
più p
Modéré
pp lointain
mf

Rageur
Modéré
f
pp subito
Rageur
m.g.
m.g.
f
m.d.
f
f
m.d.
dim.
Revenir au Mouv^t
più dim.
p
pp

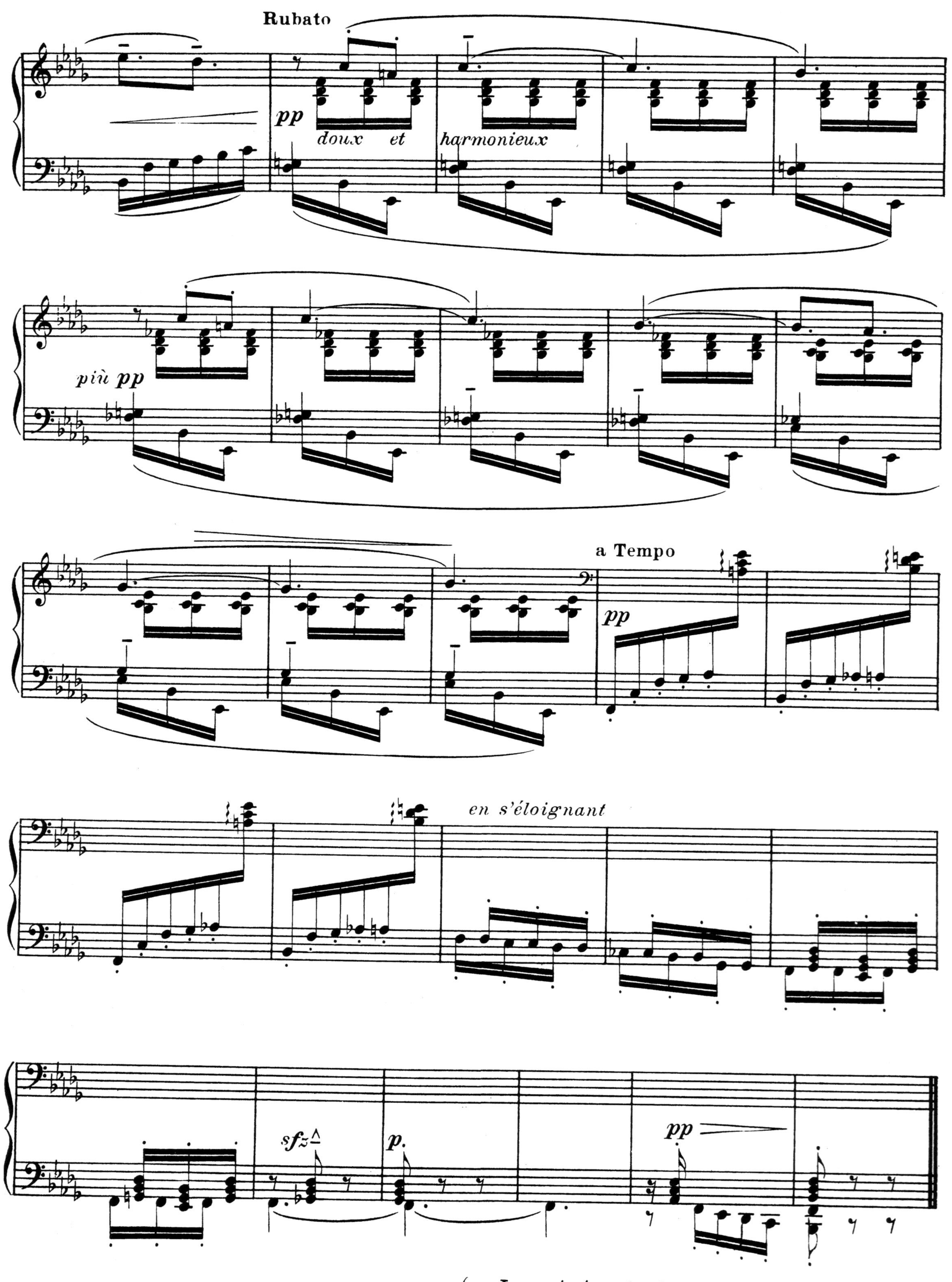

Rubato
pp
doux et harmonieux
più pp
a Tempo
pp
en s'éloignant
sfz
p.
pp
(... La sérénade interrompue)

X.

Profondément calme (Dans une brume doucement sonore)
pp
Doux et fluide
pp
pp (sans nuances)

Peu à peu sortant de la brume
sempre pp
p marqué pp
p marqué pp
p
marqué
Augmentez progressivement (Sans presser)
f
piú f
Sonore sans dureté
sff
ff
8ᵃ bassa

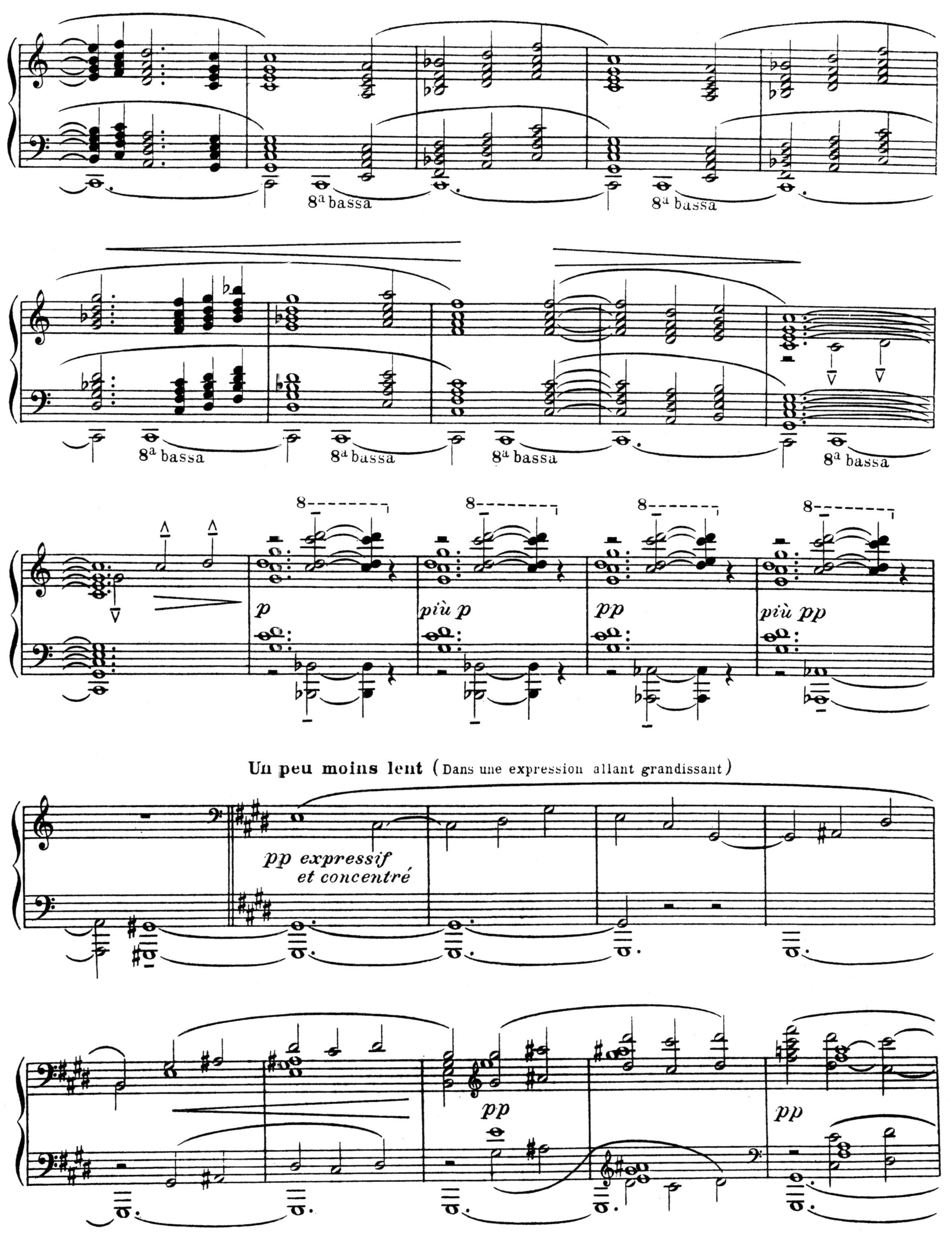
8ª bassa
8ª bassa
8ª bassa
8ª bassa
8ª bassa
8ª bassa
8
8
8
8
p
più p
pp
più pp
Un peu moins lent (Dans une expression allant grandissant)
pp expressif
et concentré
pp
pp

p
f
ff
molto dim.
p
p
au Mouvt
pp
Comme un écho de la phrase
entendue précédemment
pp
Flottant
et sourd
8a bassa
8a bassa

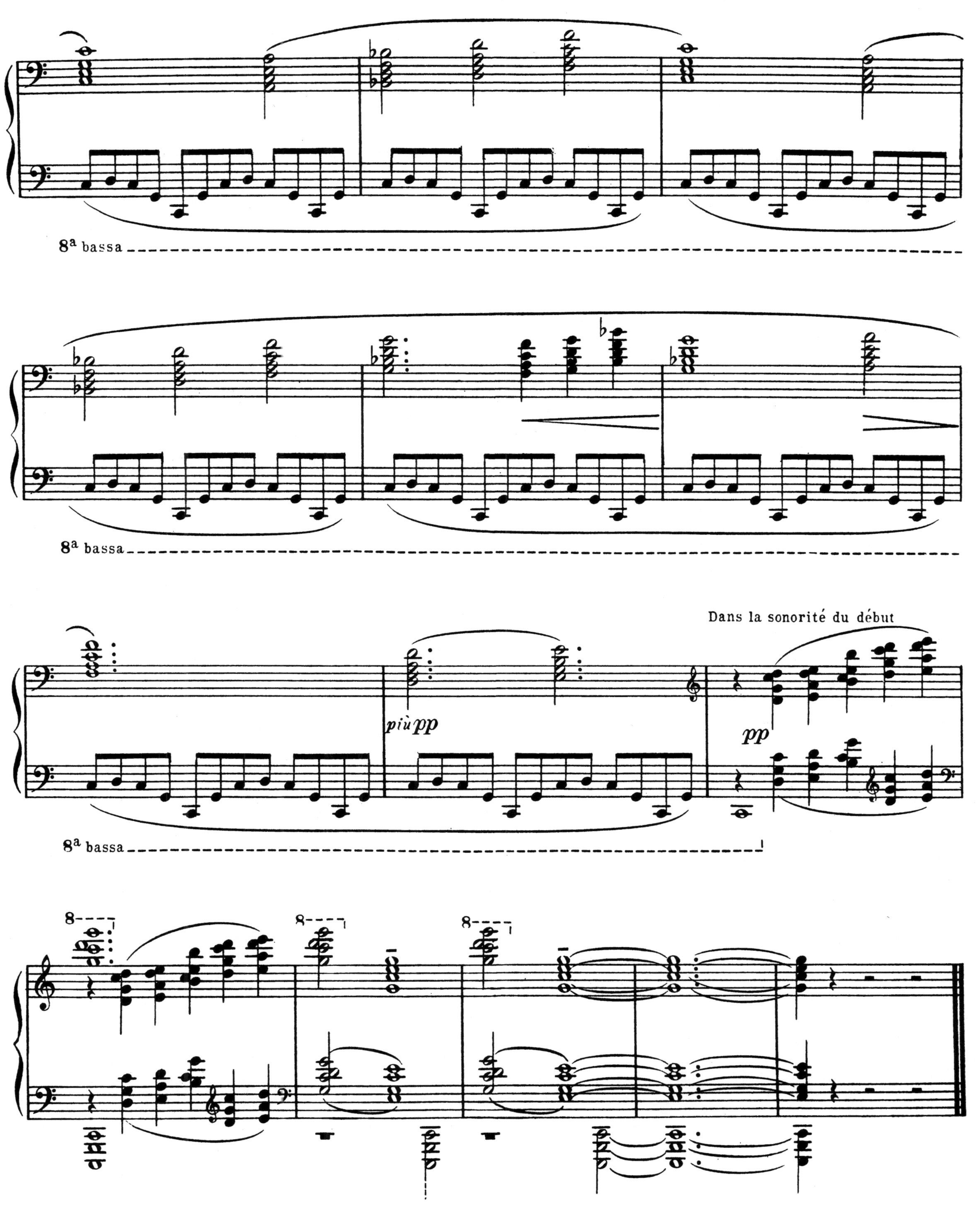

(... La Cathédrale engloutie)

XI.

Capricieux et léger (♪ = 138)
p
6
Retenu -
mf
3
- - // Mouvᵗ
3
p
p
tr
p
f
Pressez

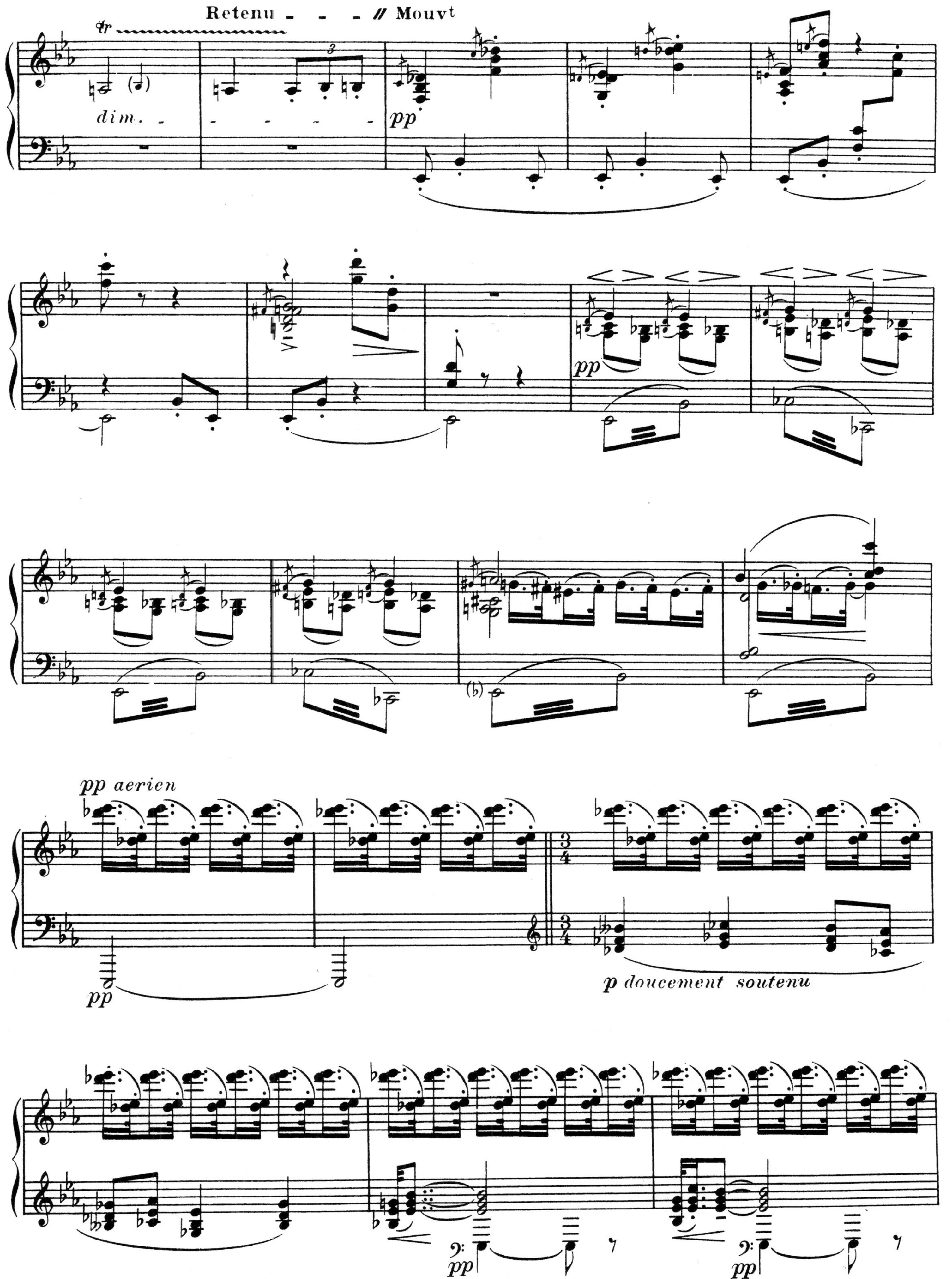
Retenu - - - // Mouvt
tr
dim. - - - - pp
pp
pp
pp aerien
3/4
p doucement soutenu
pp
pp
pp

p
più p
mf
mf
pp
p
p
p
Cédez ___ __ __ // Mouvt
pp

ff
p
p

8
pp
p

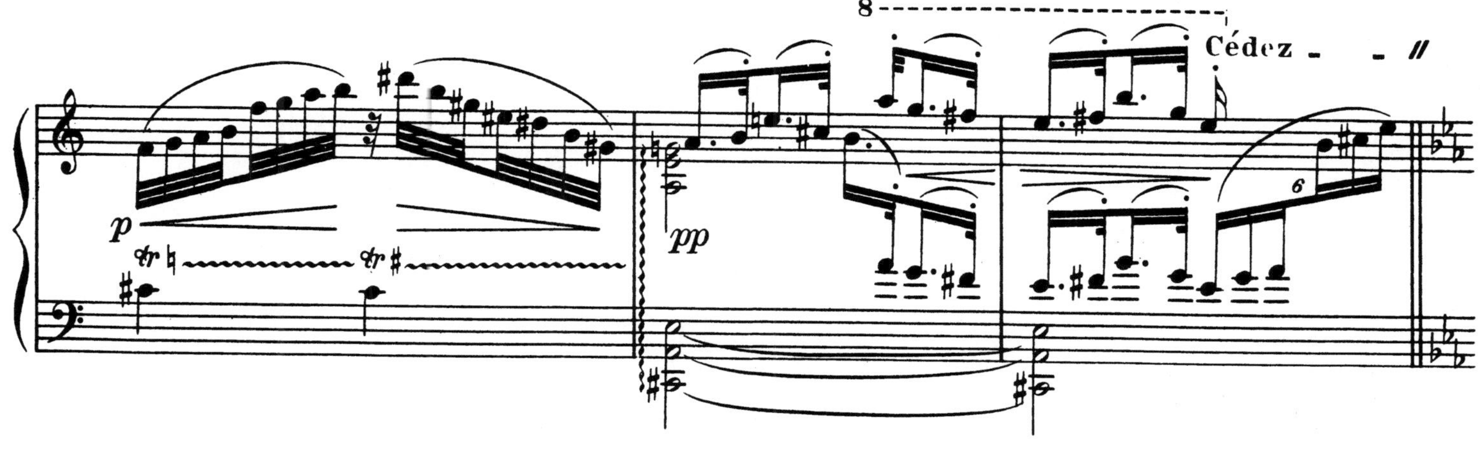
8
Cédez
p
pp

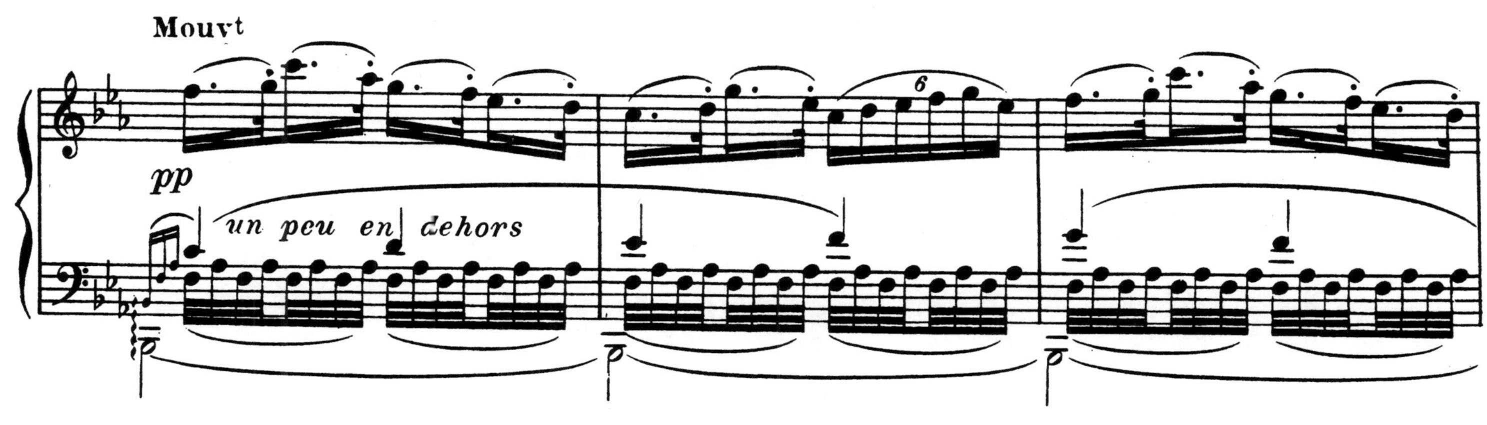
Mouvt
pp
un peu en dehors

En cédant
mf
p
Mouv^t
p
pp
1 2
m.g.   m.d.
(en dehors)
p
pp
pp
Cédez _ _ //Mouv^t
p
sfz
p
pp
3

(... La danse de Puck)

XII.

Modéré (Nerveux et avec humour)
p les "gruppetti" sur le temps
Mouvt
Cédez
pp
p
Cédez   Mouvt (Un peu plus allant)
pp
p
(très détaché)
pp
f
p
f

pp
mf
f
mf
En cedant
f
f
sf
p
pp
8ᵃ bassa
Moqueur
p
m.d.
8
m.d.
p
f

Mouvt
p
f
p
f
p
pp
pp
pp
ppp
f (Quasi Tambouro)
3
3
dim.
Expressif
p

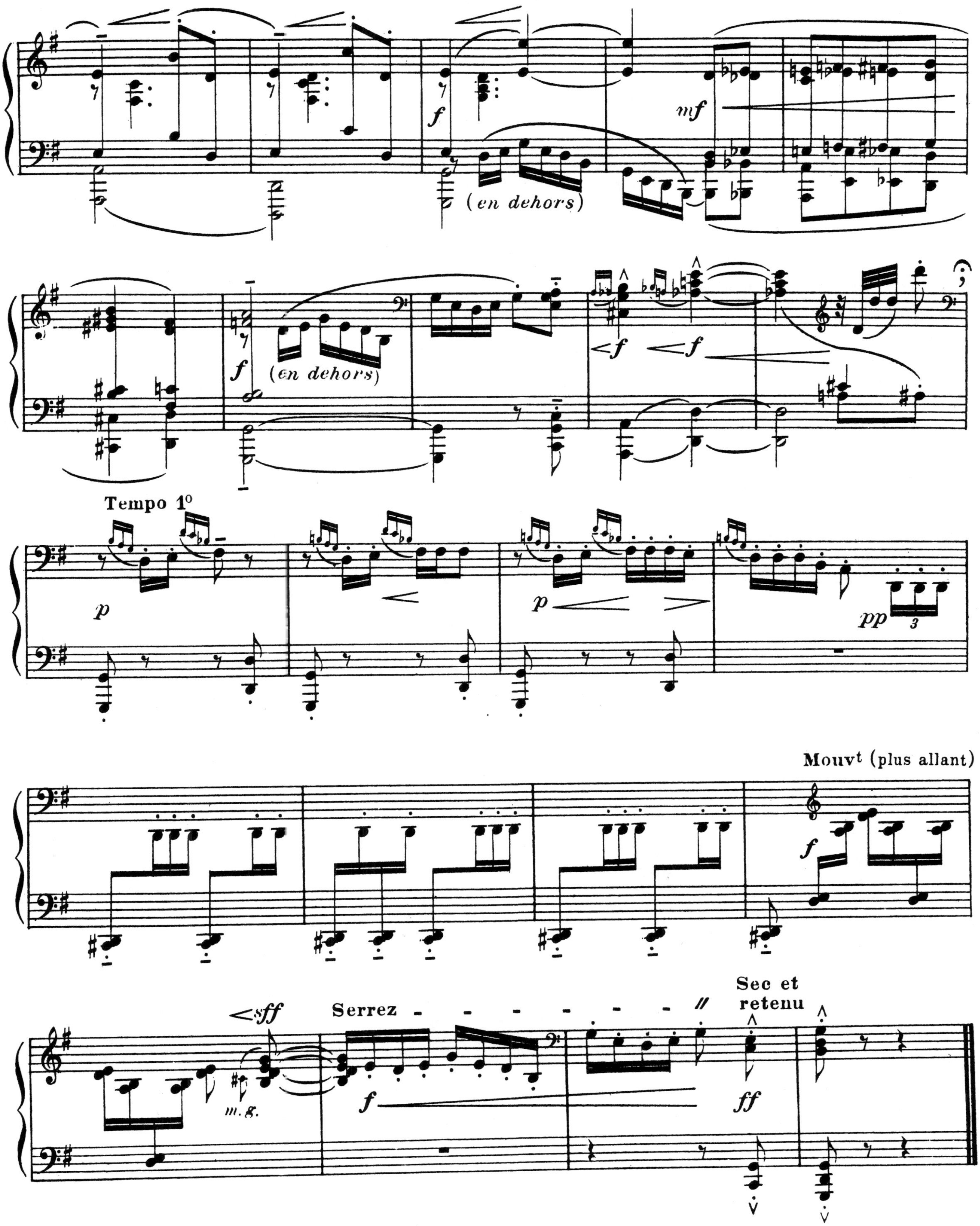
(en dehors)
(en dehors)
Tempo 1°
Mouvt (plus allant)
Serrez
Sec et retenu
m.g.

(... Minstrels)

Book II

I.

Claude Debussy

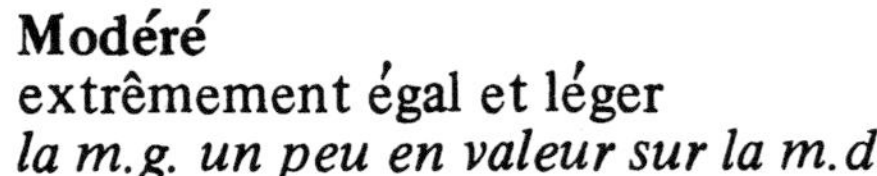

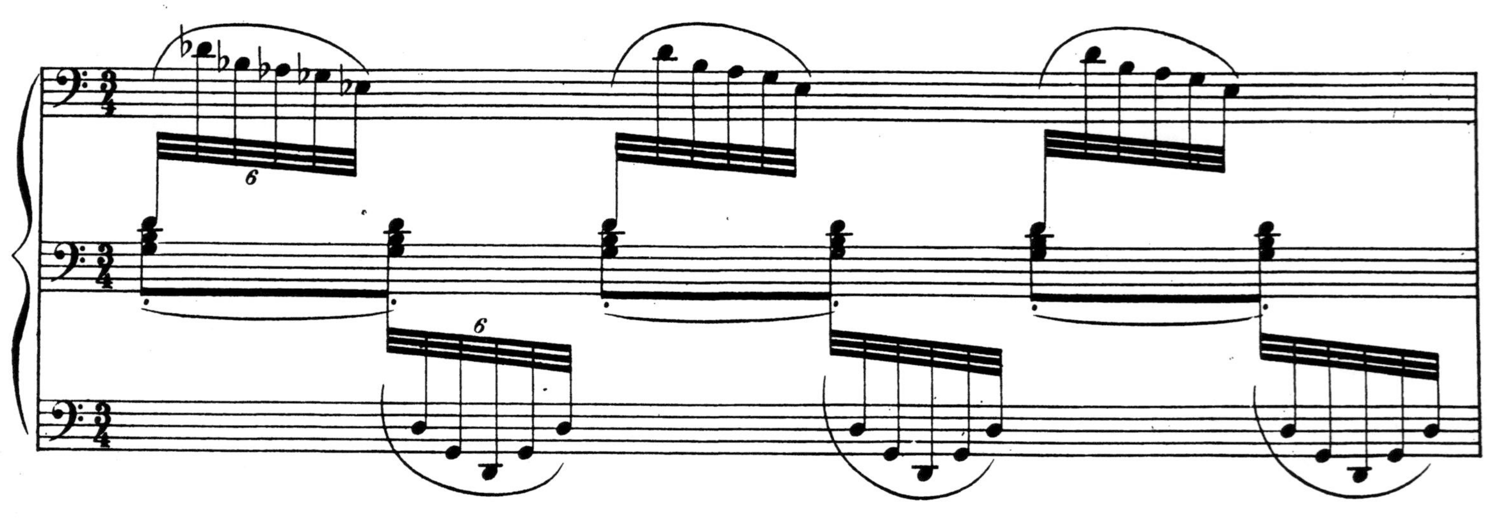

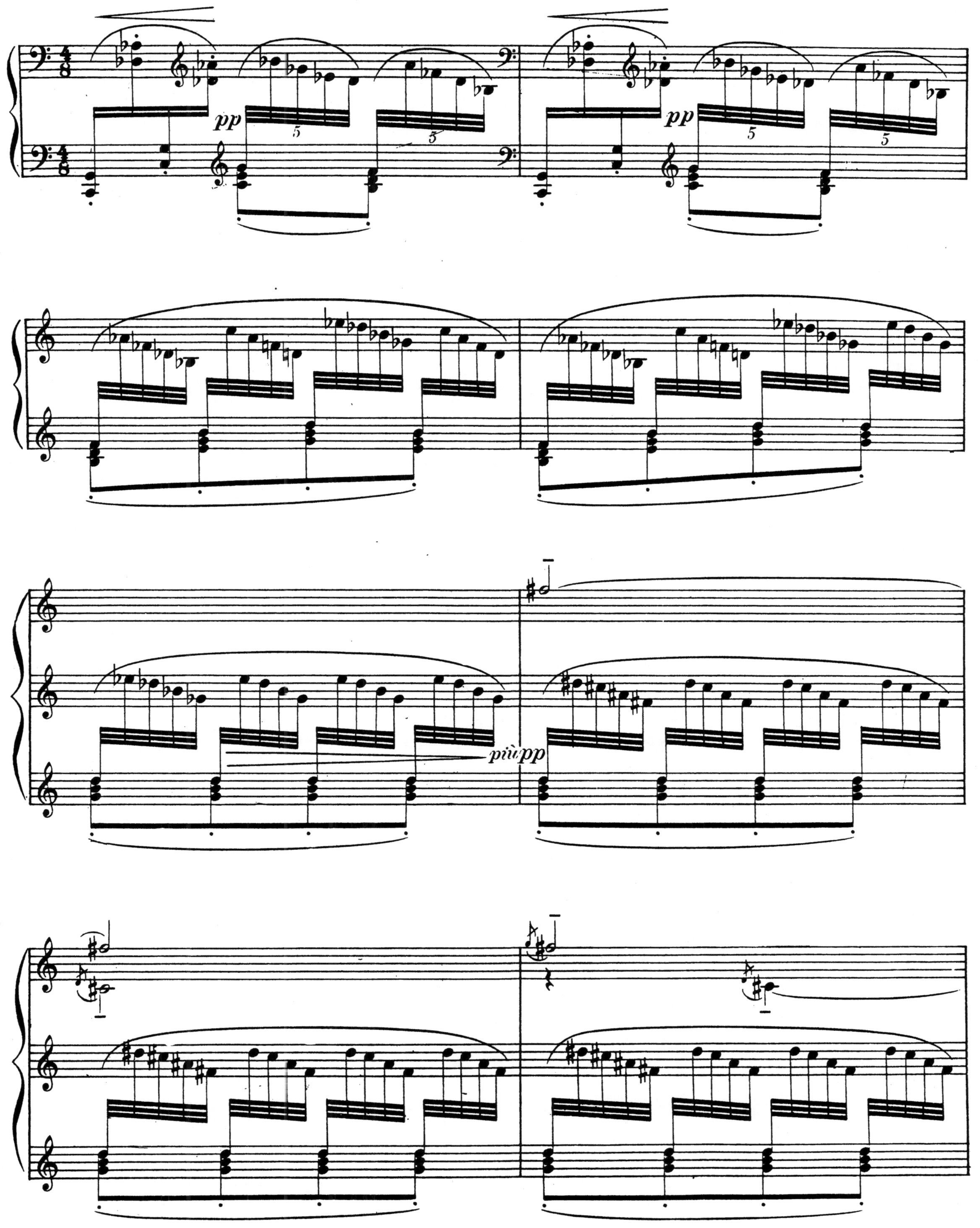

Ped.
Cédez _ _ _ _ _ _ //
più pp
Mouvᵗ
8va
pp un peu en dehors
8va
pp < pp
8va
pp < pp
8va
8va
pp
(3/4)
< pp
8va

pp
pp
pp
6
6
pp
8va
p
f
12
8va
p
f
12
Un peu retenu
8va
8va
pp

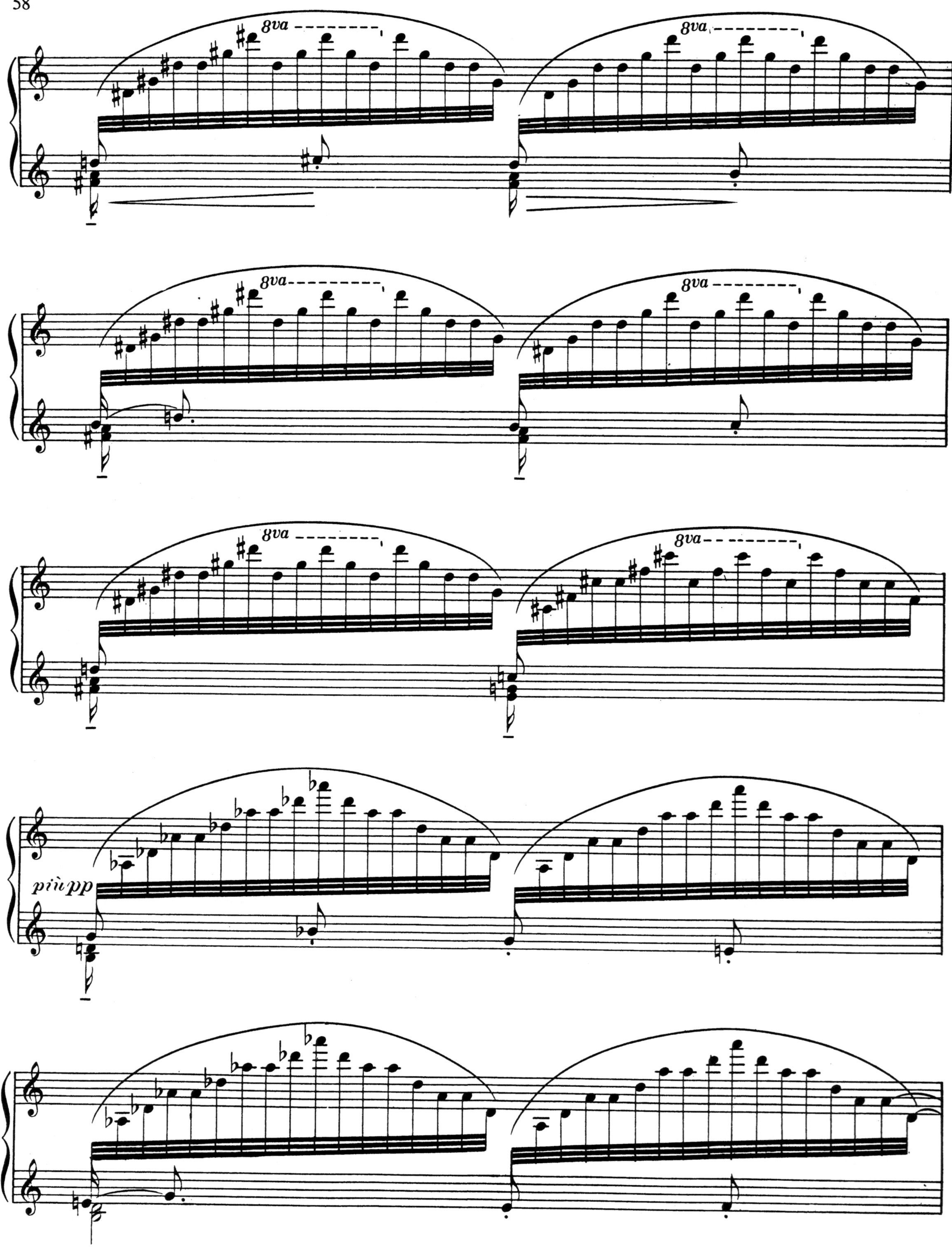

8va
8va
8va
8va
8va
8va
più pp

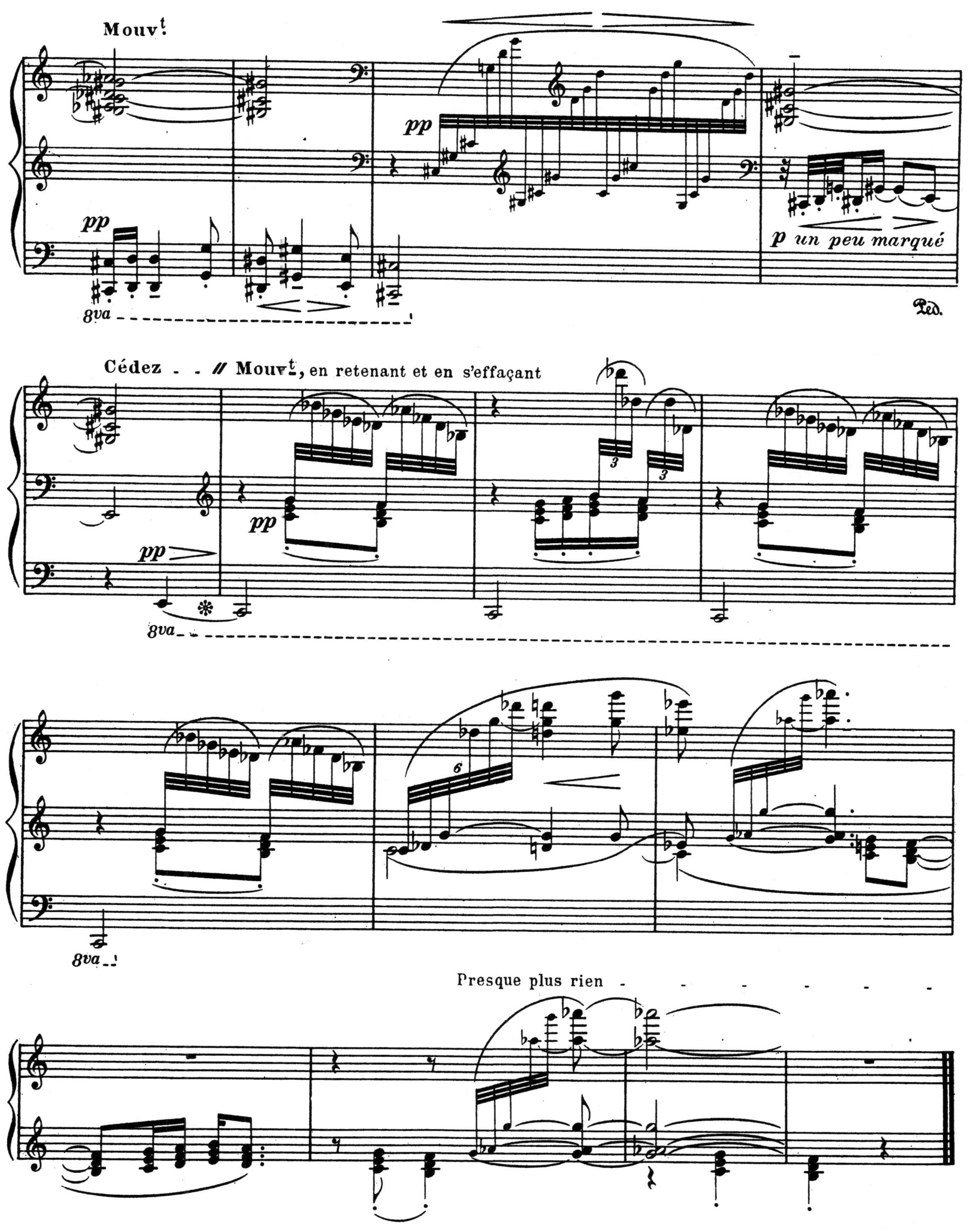

(... Brouillards)

II.

Lent et mélancolique
pp
doucement soutenu et très expressif
pp
p
p
p
più p
pp

m. g.
Un peu plus allant et plus gravement expressif
un peu en dehors
simile

Plus lent
ppp
p marqué
en dehors
mf
ppp
ppp
p marqué
ppp
mf
p
molto dim.
Cédez
p
p
pp

(... Feuilles mortes)

III.

Mouv^t de Habanera
avec de brusques oppositions d'extrême
violence et de passionnée douceur

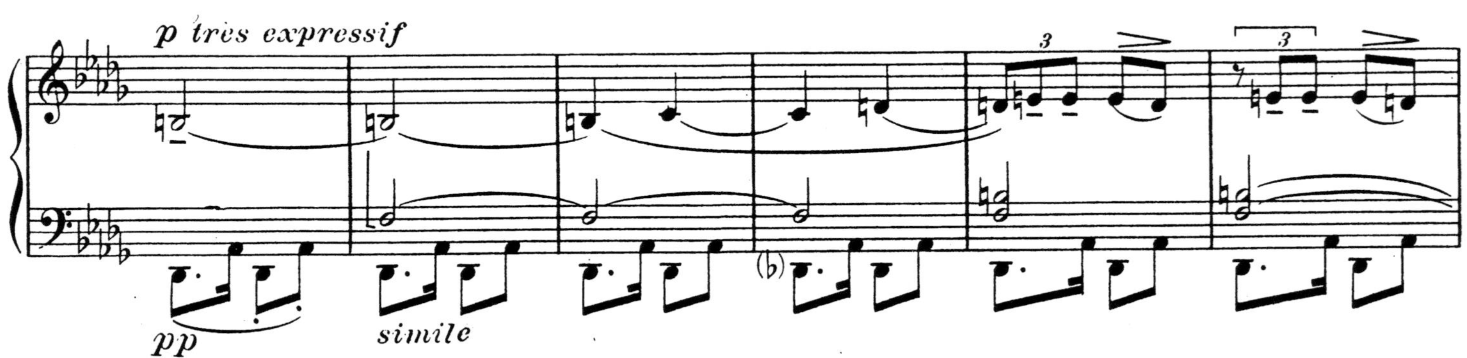

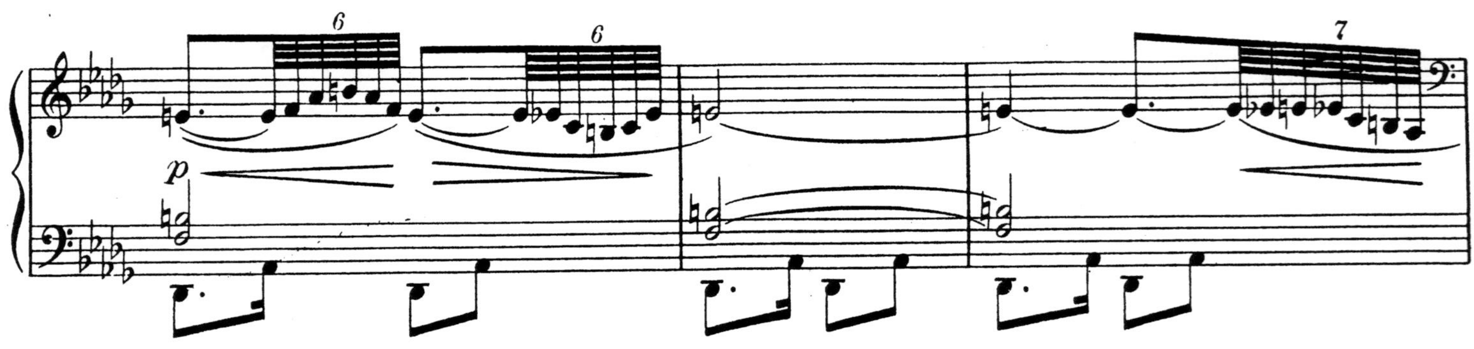

p. molto dim.
pp
sff
pp
Rubato
p
pp
pp
p
più p
pp
pp
p marqué
pp sempre

p
p
mf
dim.
p
au Mouv^t
passionnément
f âpre
f
ff
ff
mf
dim.
ironique
p

gracieux
3
pp
3
3
En retenant
p
più p
au Mouv.t
pp
simile

(... La Puerta del Vino)

IV.

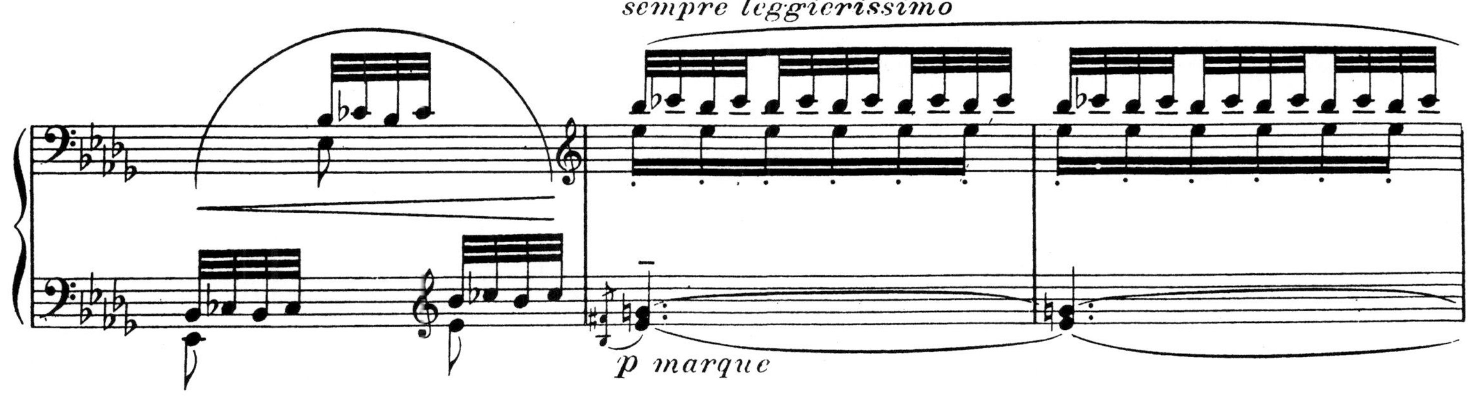

Rubato
8va
mf
p
p
au Mouv^t
Cédez
pp
m. g.
m. g.
Sans rigueur
a Tempo
p
p expressif
Retenu
pp
p

1er Mouvt
p
p
p
mf
Cédez
p
mf
p
mf
p
Rubato
Mouvt
più p
Cédez
Mouvt
m.d.
pp
pp
pp
p
expressif

m. d.
mf
mf
Cédez _ _ // Mouv^t (caressant)
dim. _ _ _ molto
p e cresc.
léger
mf

En retenant
sf>p
più p
Doux et rêveur
marqué
pp
pp
un peu en dehors
Serrez
sf
sf
sf
au Mouvt (en retenant)
dim.
p
pp
marqué
pp

Mouv
pp
pp
pp
pp

(... "Les Fées sont d'exquises danseuses")

V.

p
p
p
più p
pp doux et léger

p
Un peu animé
p joyeux
m.g.
expressif
p
p
doux
p
p
doux

p

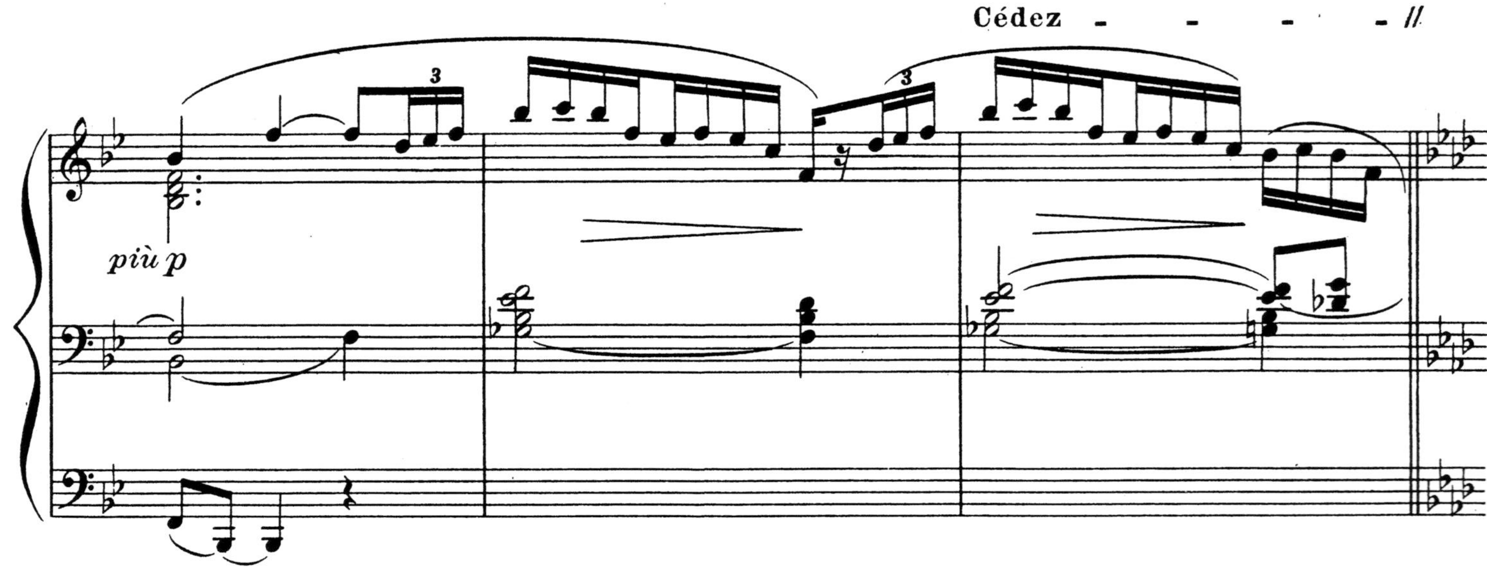
Cédez _ _ _ _ //
più p

au Mouv.t
mf

mf
doux
En retenant
p
p doucement soutenu
più p
pp
pp
sans lourdeur
(... Bruyères)

VI.

Dans le style et le Mouvement d'un Cake-Walk
strident
f
m. d.
m. g.
p
sec

dim.
sff p
sff sec
8va

Spirituel et discret
p
pp
p
pp
pp
8va

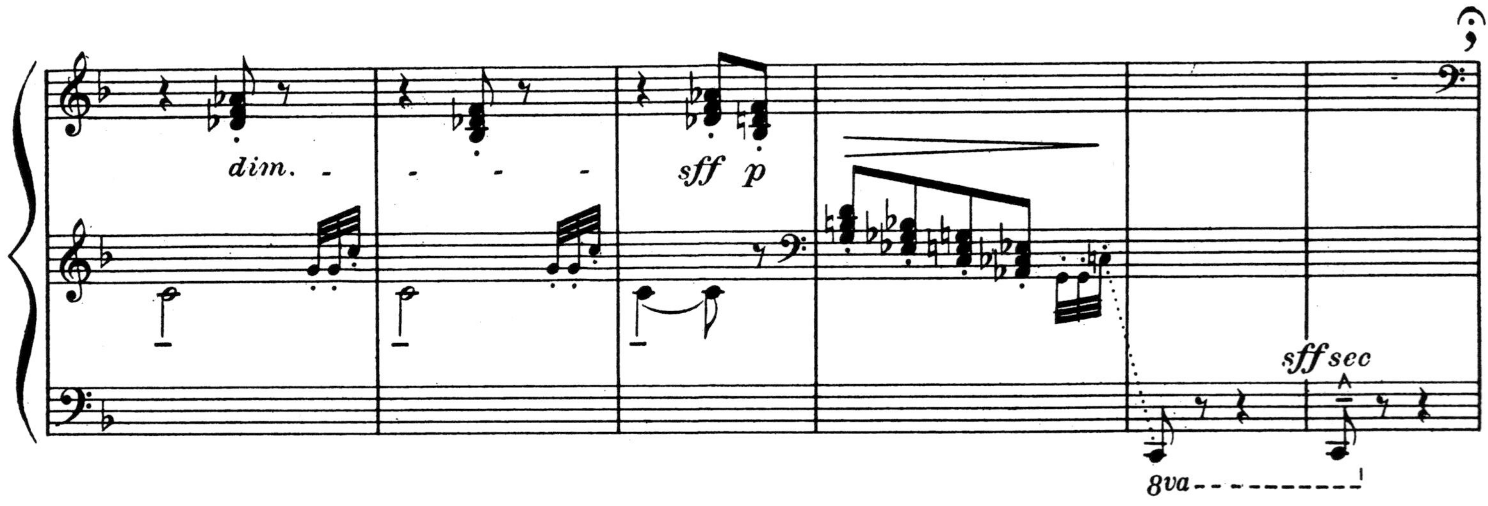

f
sff
m.g.
m.d.
sff sec
p
p
pp
pp
pp

p
p

molto staccato
molto cresc.

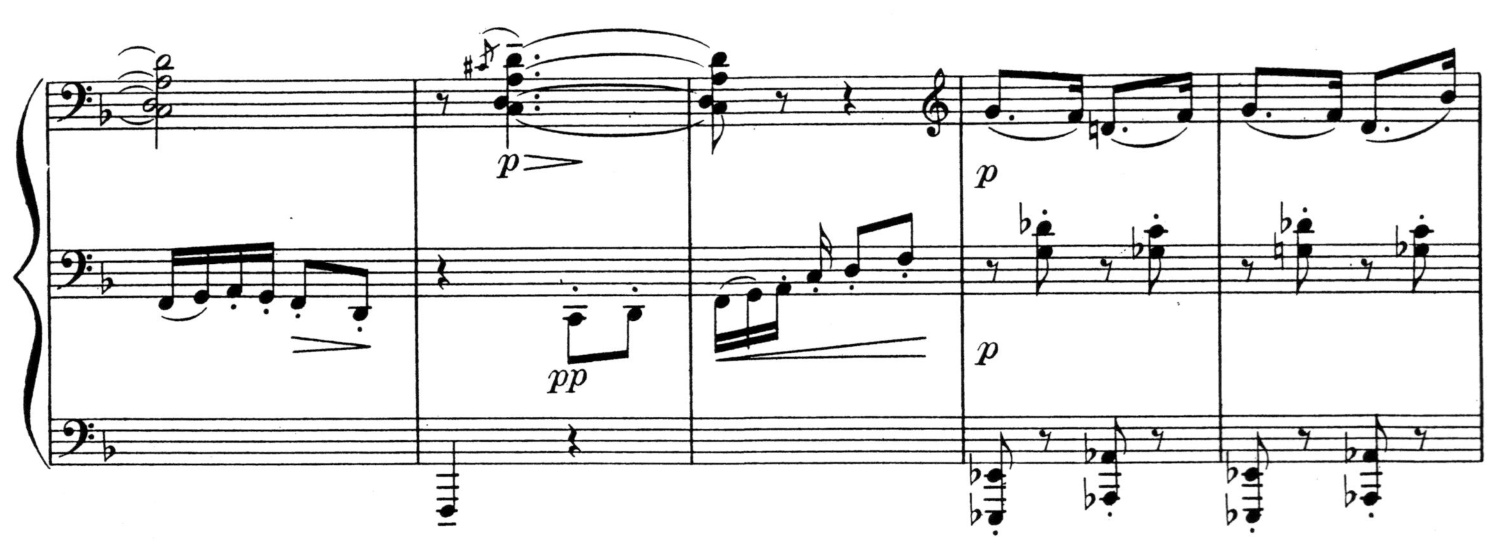

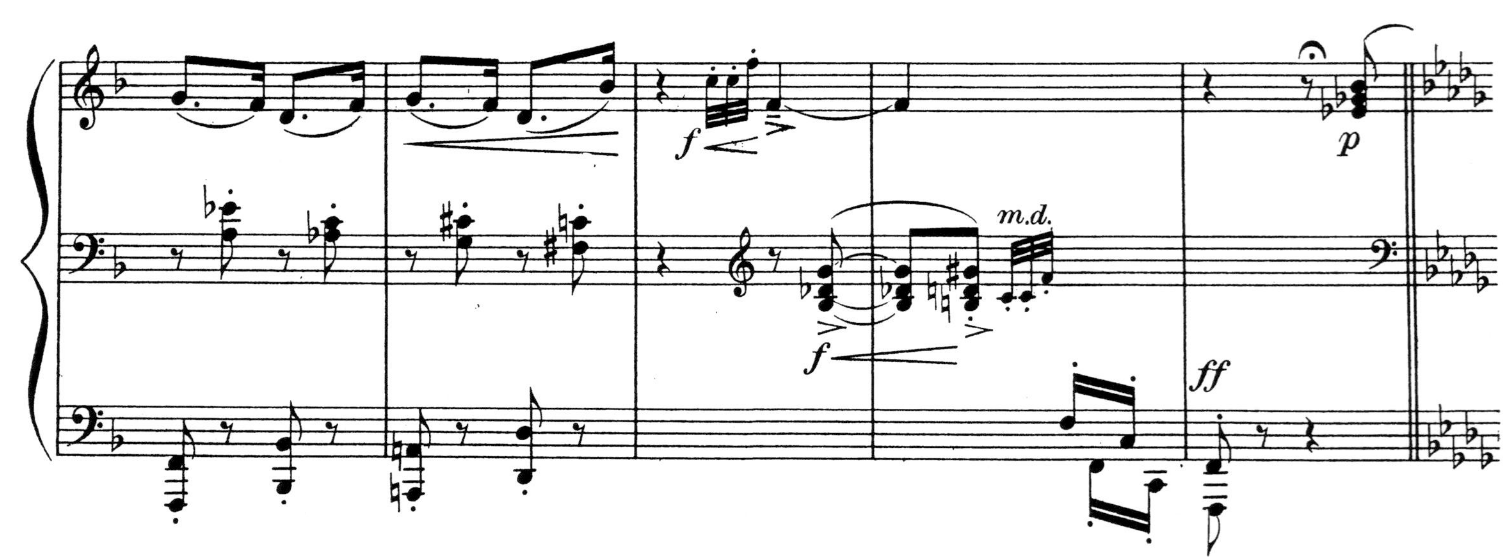

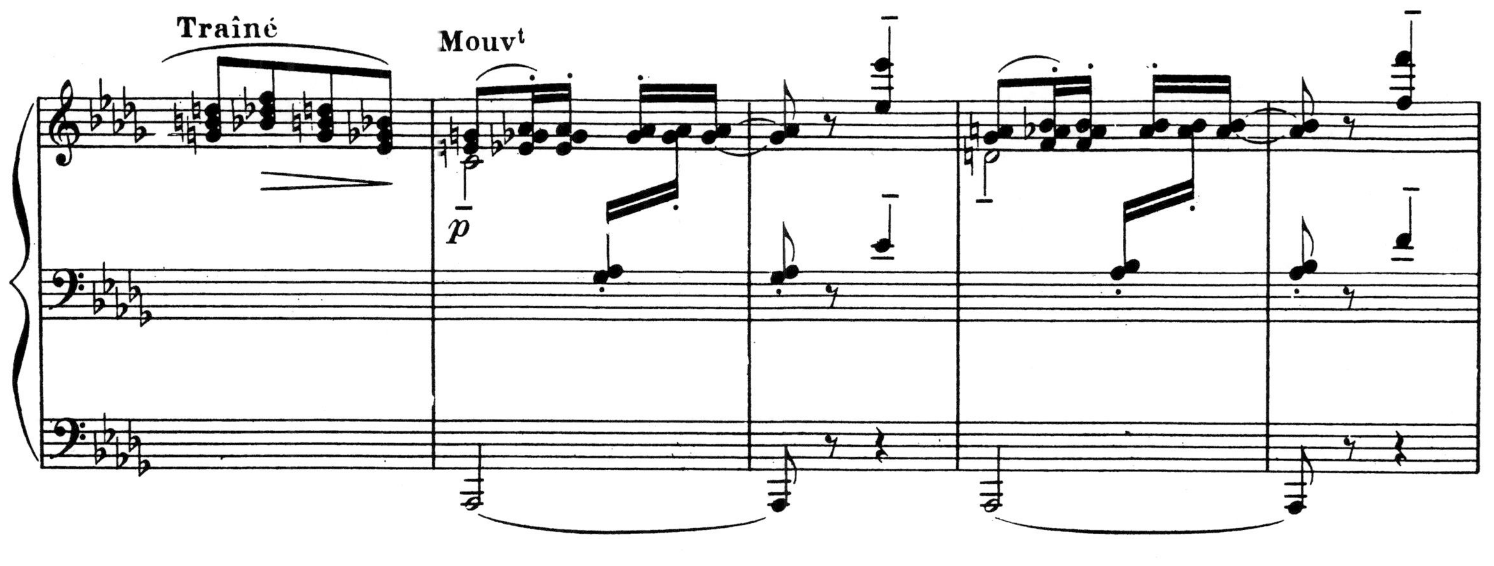

Traîné
Mouvᵗ
p

f
p
m.d.
m.d.
pp
m.g.
pp

Traîné
Mouvᵗ
ff
p subito
sff

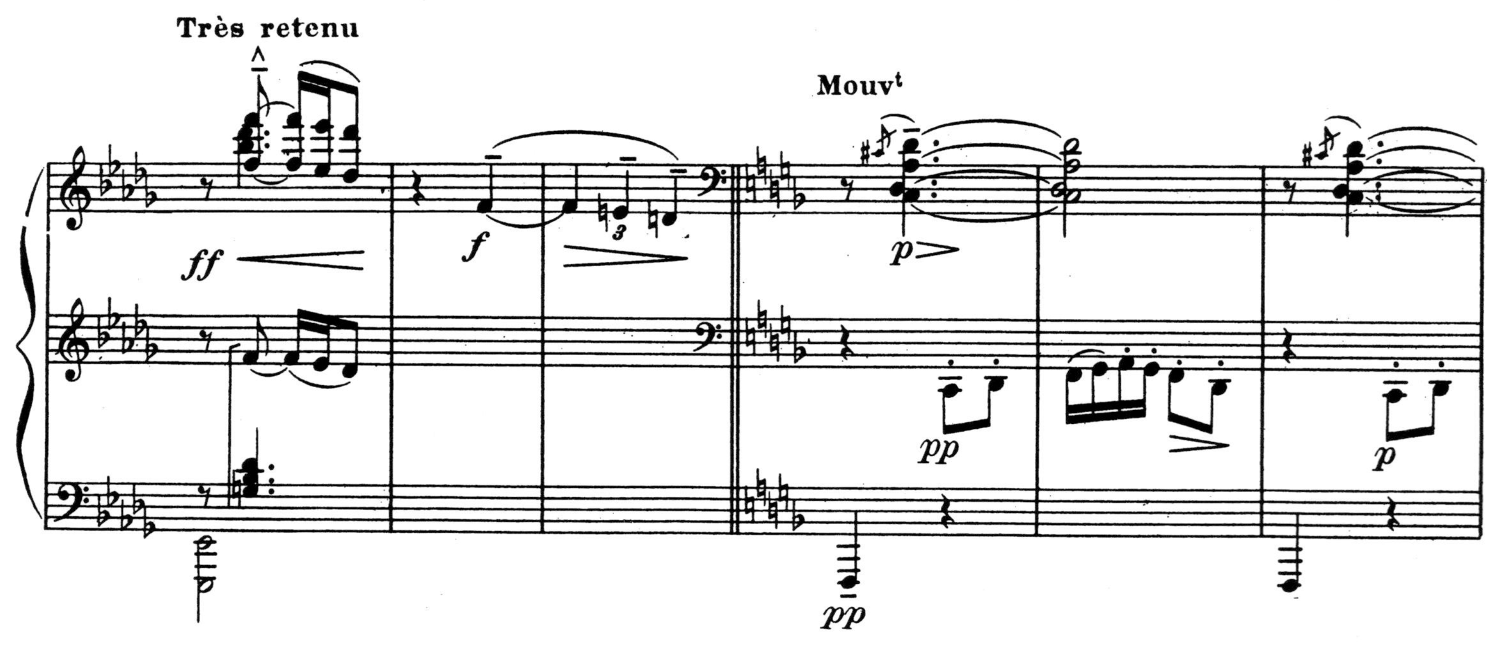

Très retenu
Mouv^t

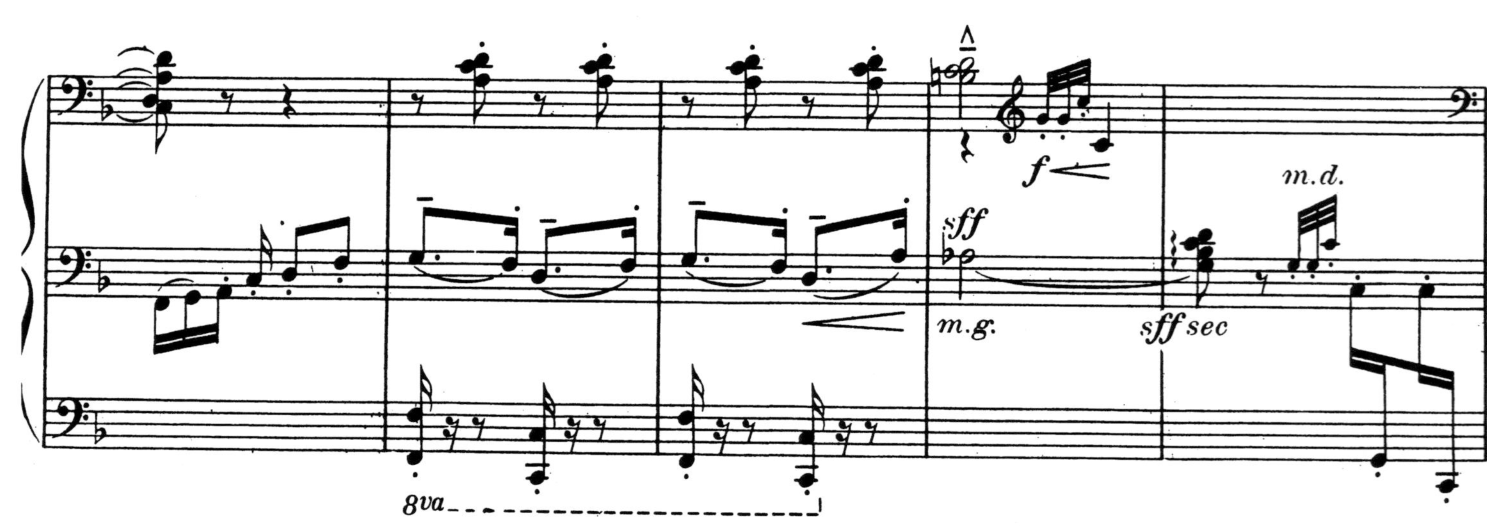

m.d.
m.g.
sff sec
8va

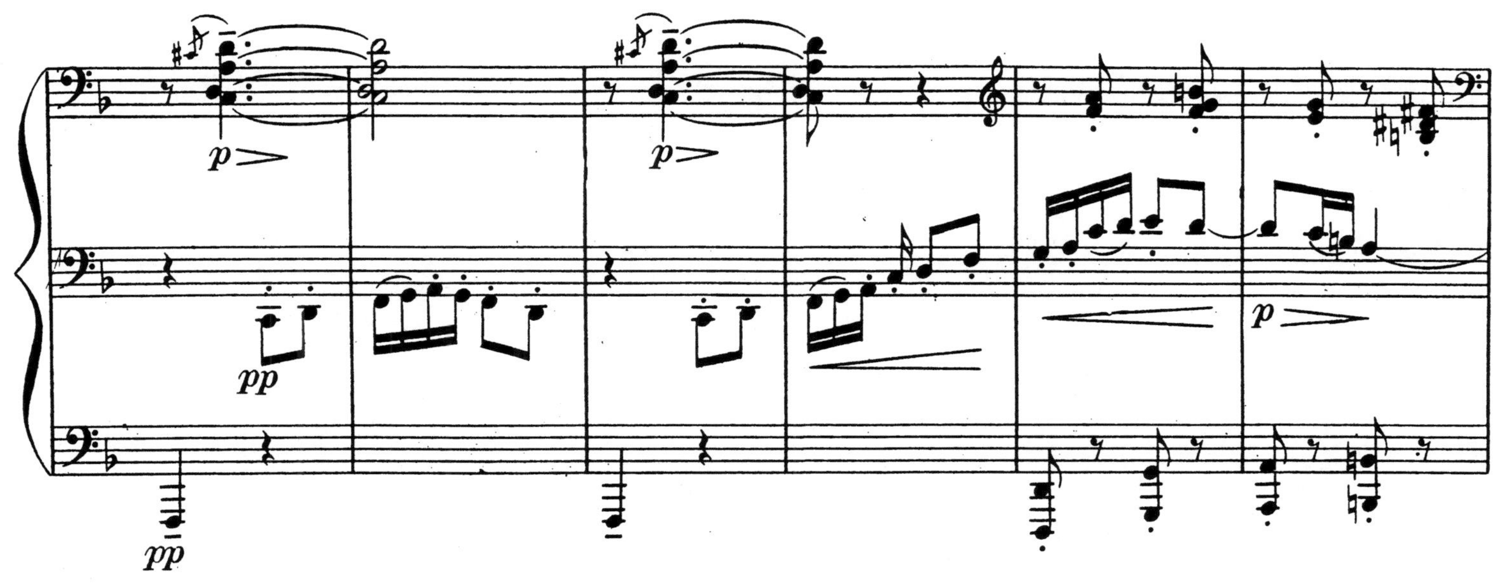

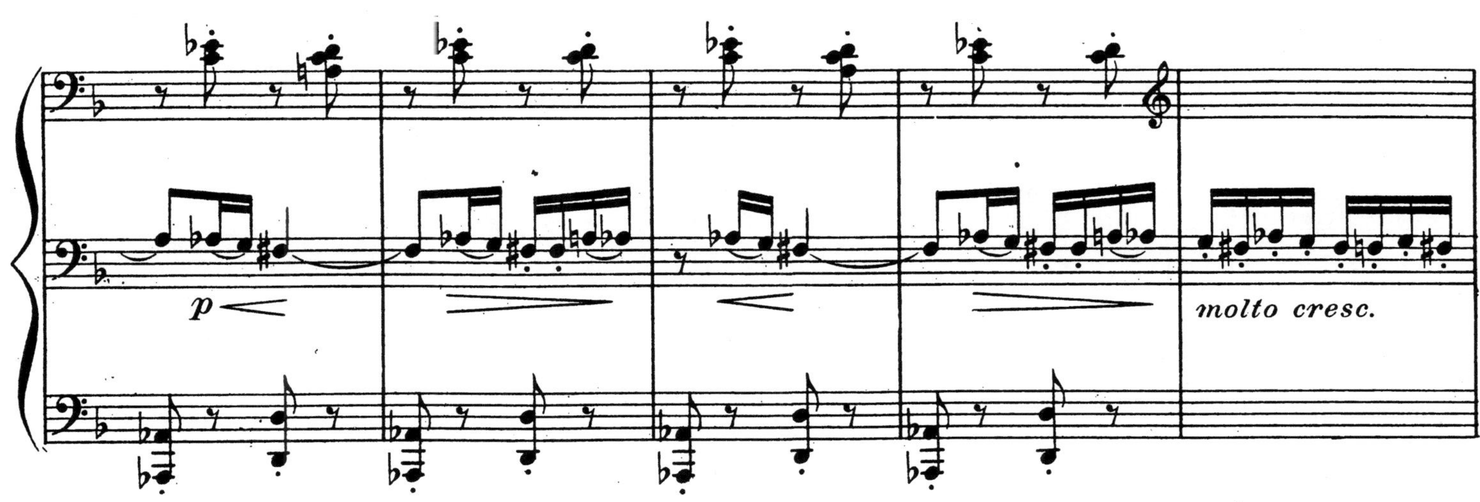
molto cresc.

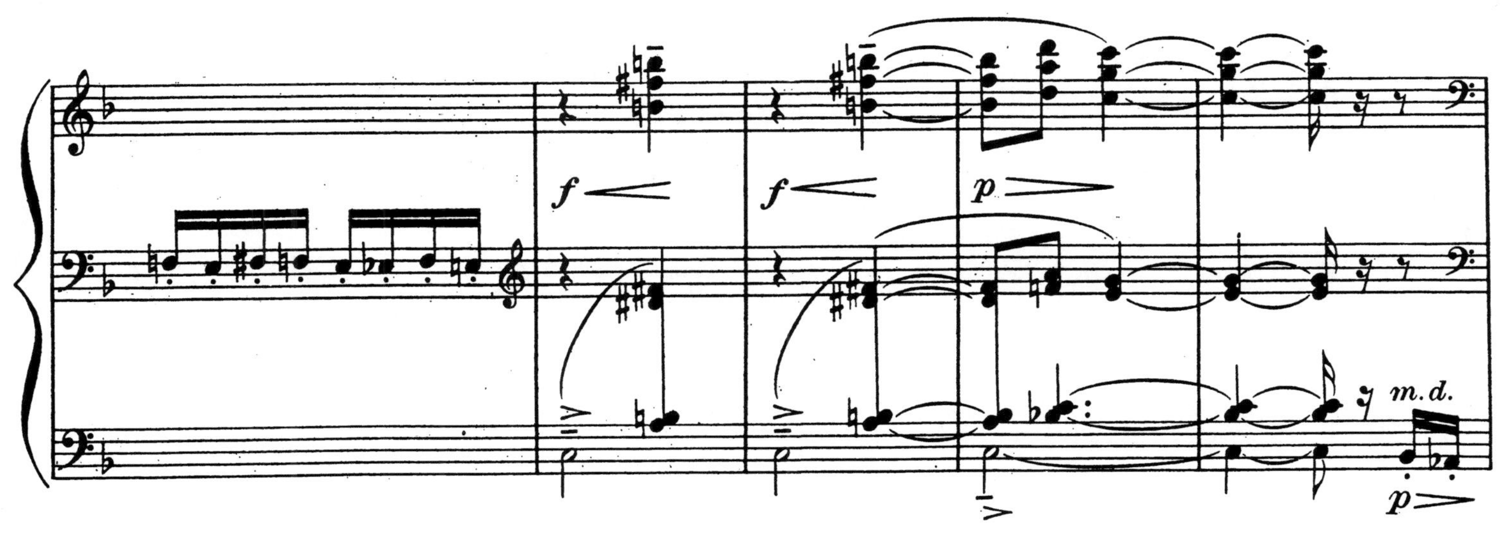
m.d.

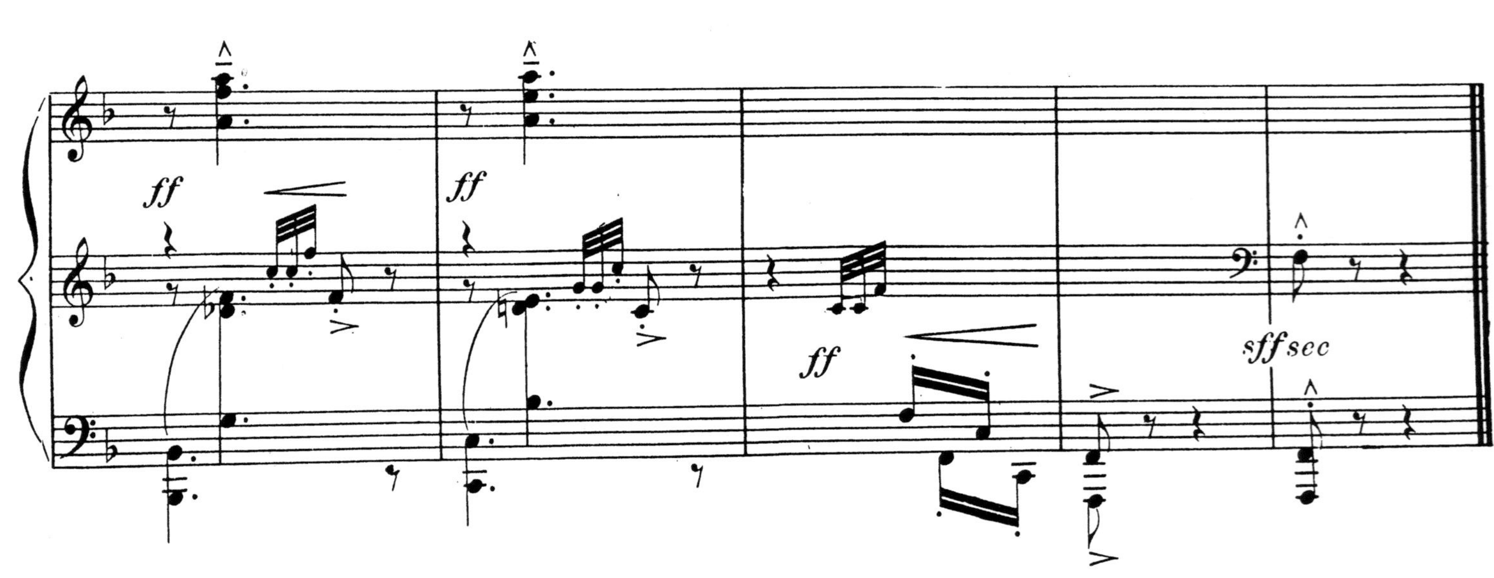
Très retenu
Animez
p
cresc.
pp
f
f
ff
m.d.
m.g.
ff
ff
ff
ff
sff sec
(... "General Lavine" - eccentric)

VII.

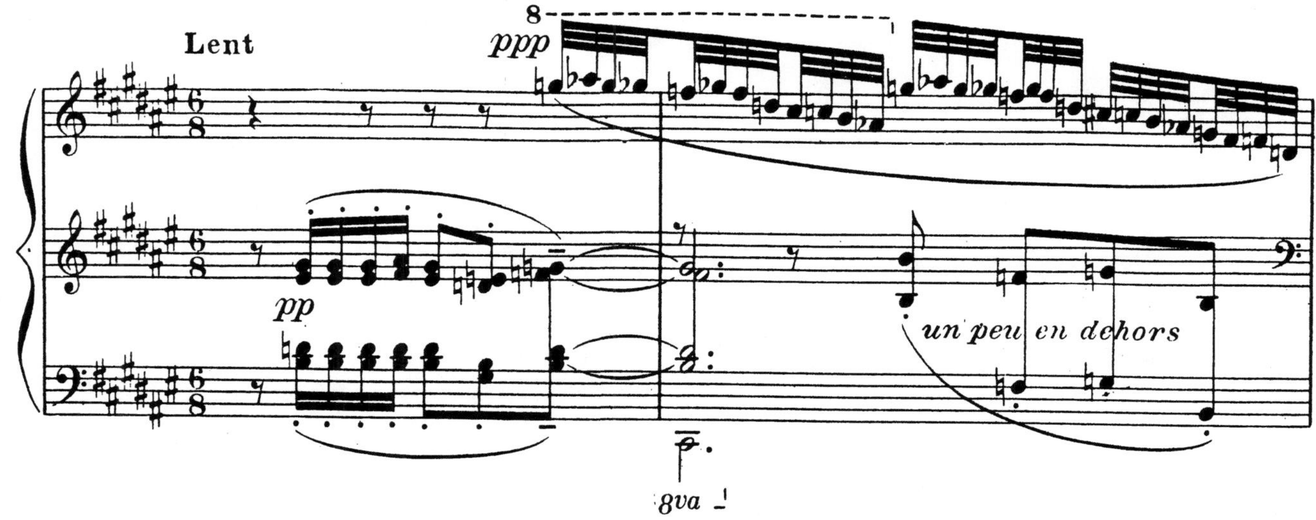

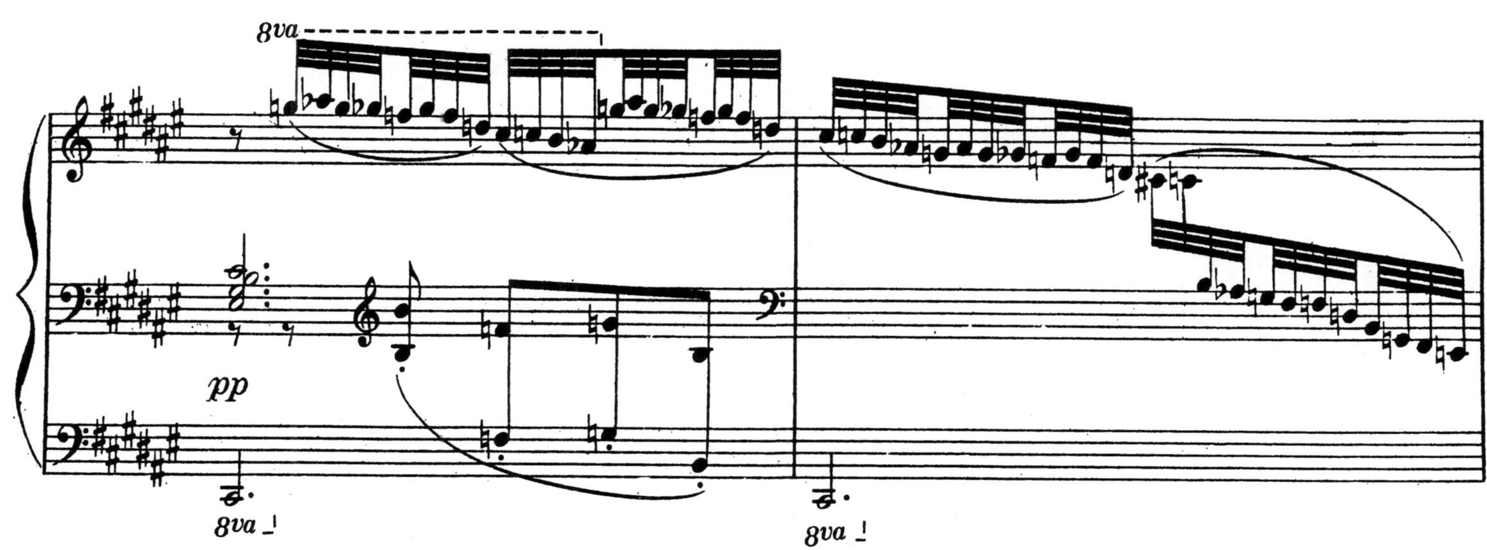

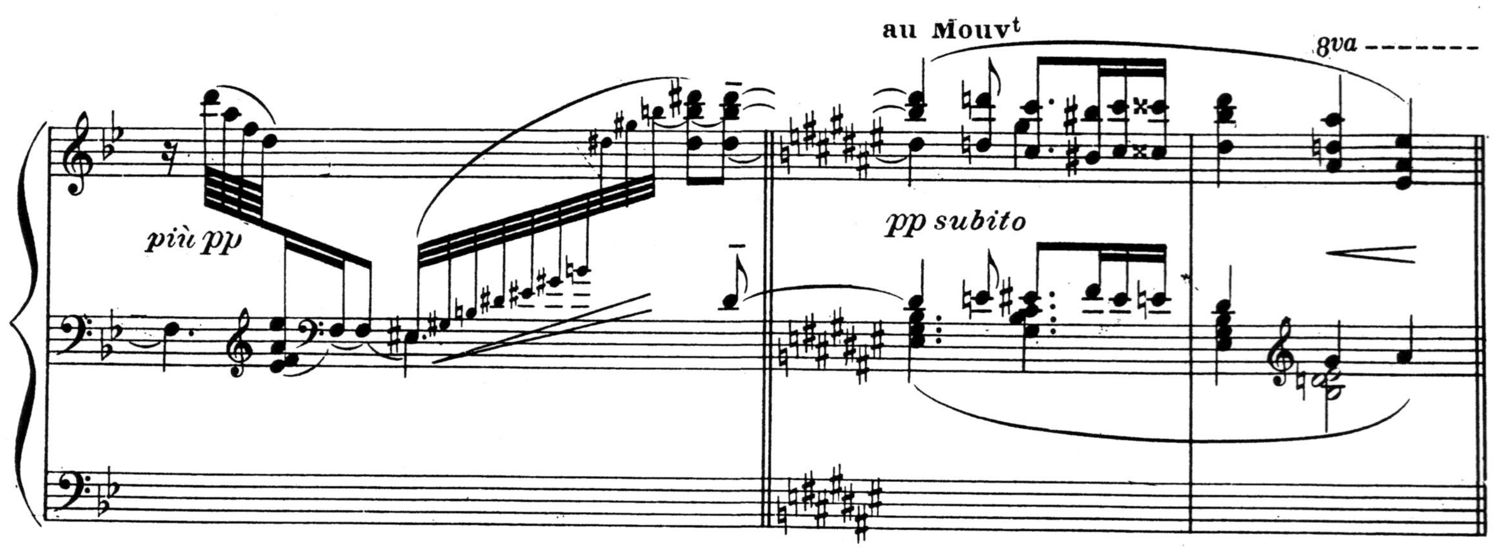

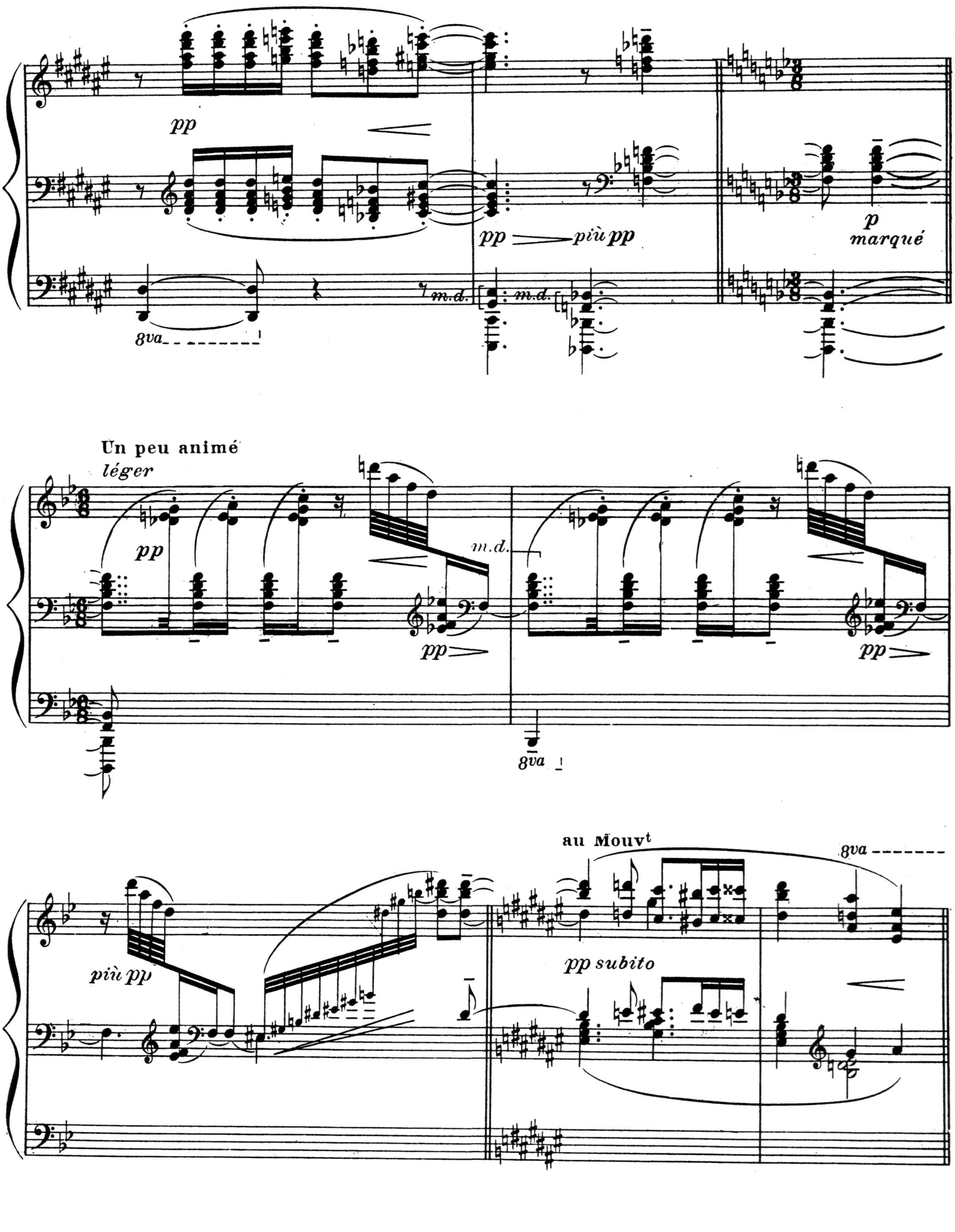
pp
m.d.
pp
più pp
p
marqué
8va
Un peu animé
léger
pp
m.d.
pp
pp
8va
più pp
au Mouvt
8va
pp subito

8va
pp
8va
8va !
8va !
En animant peu à peu
pp
p

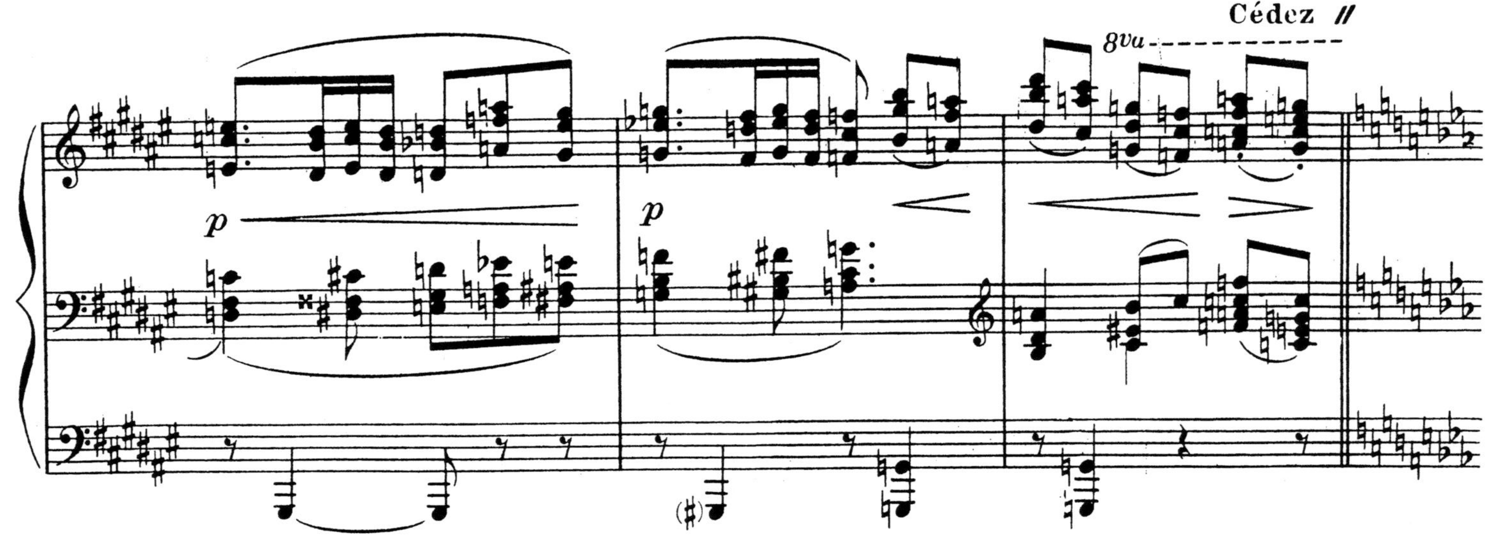
Cédez
8va
p
p
Mouvt du début
8va
pp subito
pp
p
En animant
8va
8va
poco cresc.
m.d.
m.d.
f
f
m.d.
m.d.

8va
Mouv^t
f
pp
8va
pp
m.d.
m.d.

(... La terrasse des audiences du clair de lune)

VIII.

Scherzando
pp
pp
mf
pp
mf
pp
3 3
3 3
3 3
8va
8va
Retenu
p
p
pp
5
5
m.d.
m.g.
m.d.
m.g.

au Mouvᵗ
scintillant
doux
12
12
Rubato
p
12
12
10
au Mouvᵗ
8va
dim.
p
p
9
p
9
p

à l'aise
p léger
mf en dehors
p expressif

Retenu

Mouv^t
8
p
scintillant
doux
12

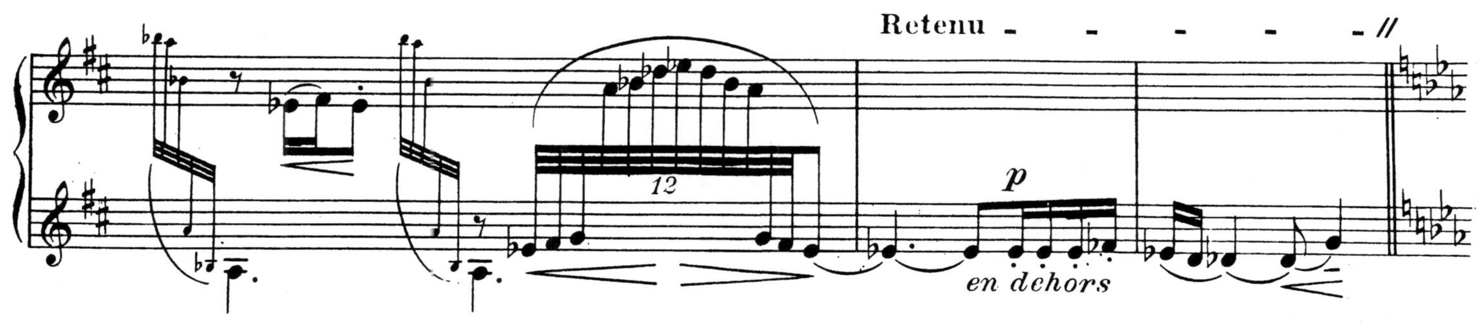
Retenu
12
p
en dehors

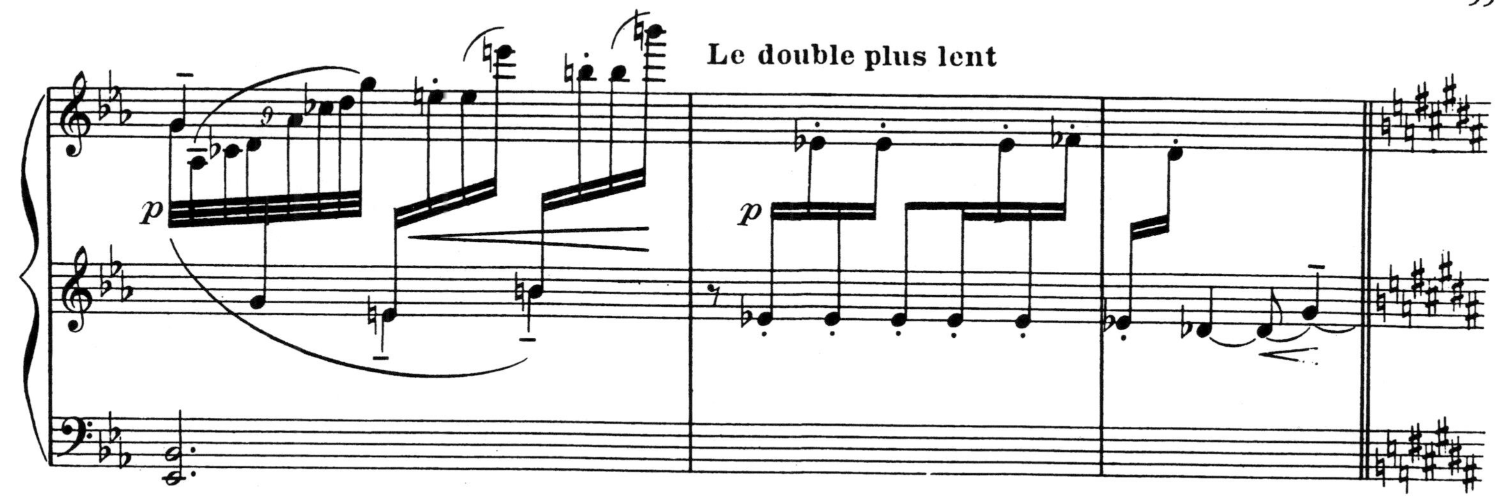
Le double plus lent
p
p

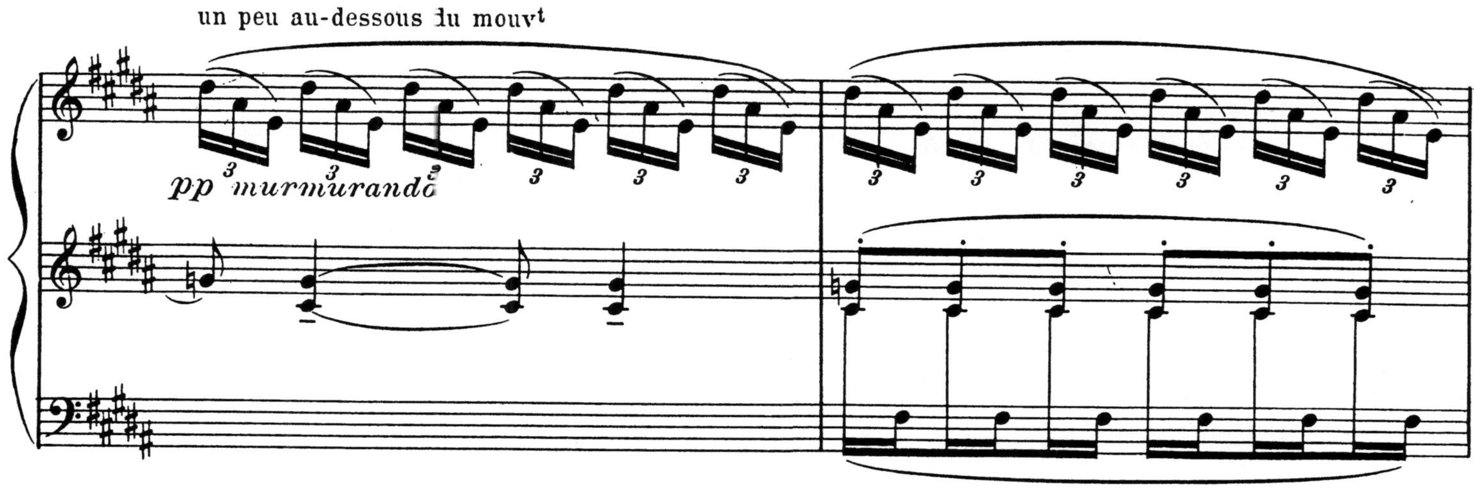
Rubato
un peu au-dessous du mouvt
pp murmurando
3 3 3 3 3
3 3 3 3 3 3

doucement marqué

Mouv^t
pp
simile
p
pp
pp subito
12
pp
12
12
3

p aussi léger que possible
pp
pp
p
pp
8va
8va
pp
pp
pp
pp
8va
m.g.
p
pp

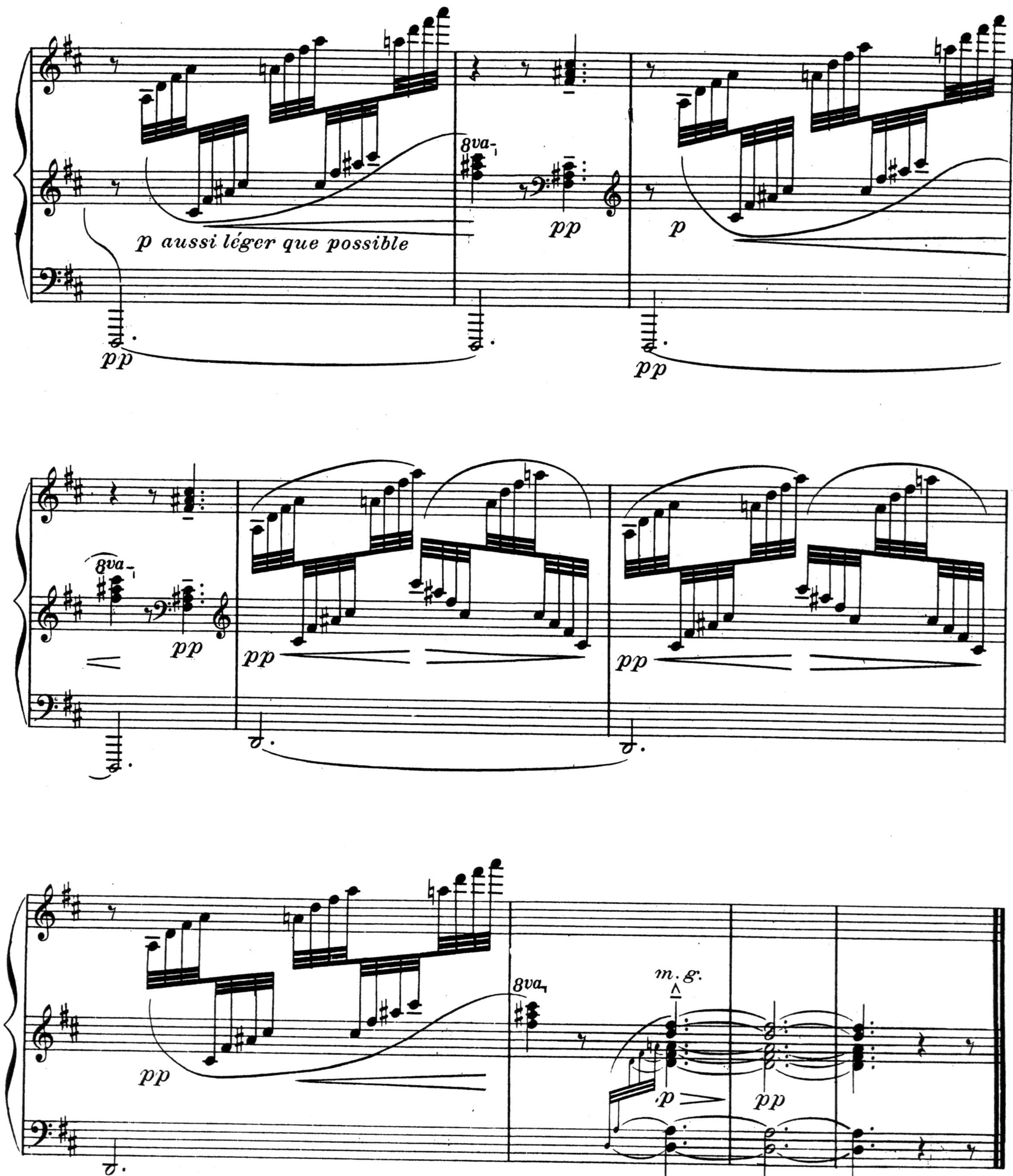

(... Ondine)

IX.

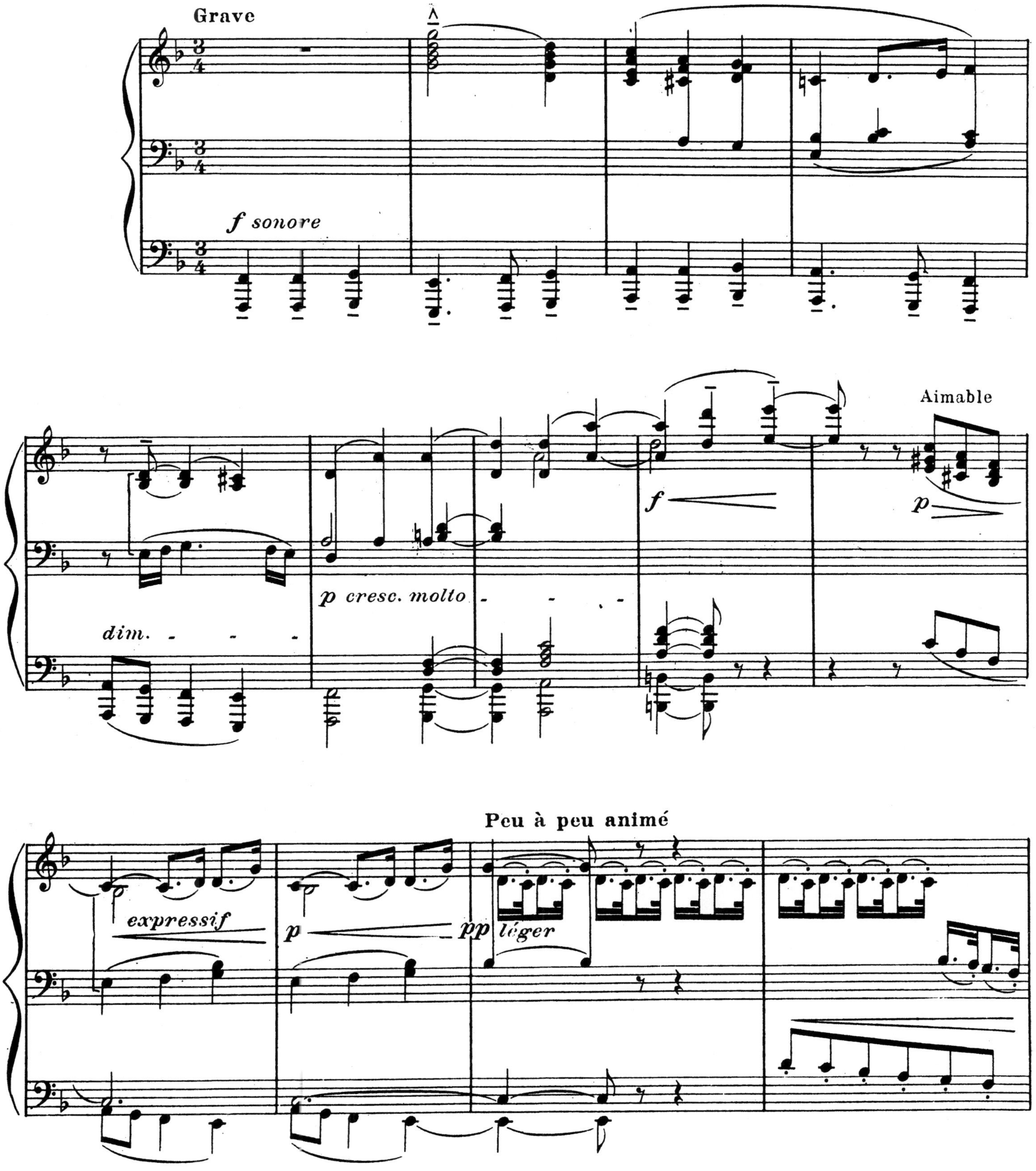
Grave
f sonore
dim.
p cresc. molto
f
Aimable
p
Peu à peu animé
expressif
p
pp léger

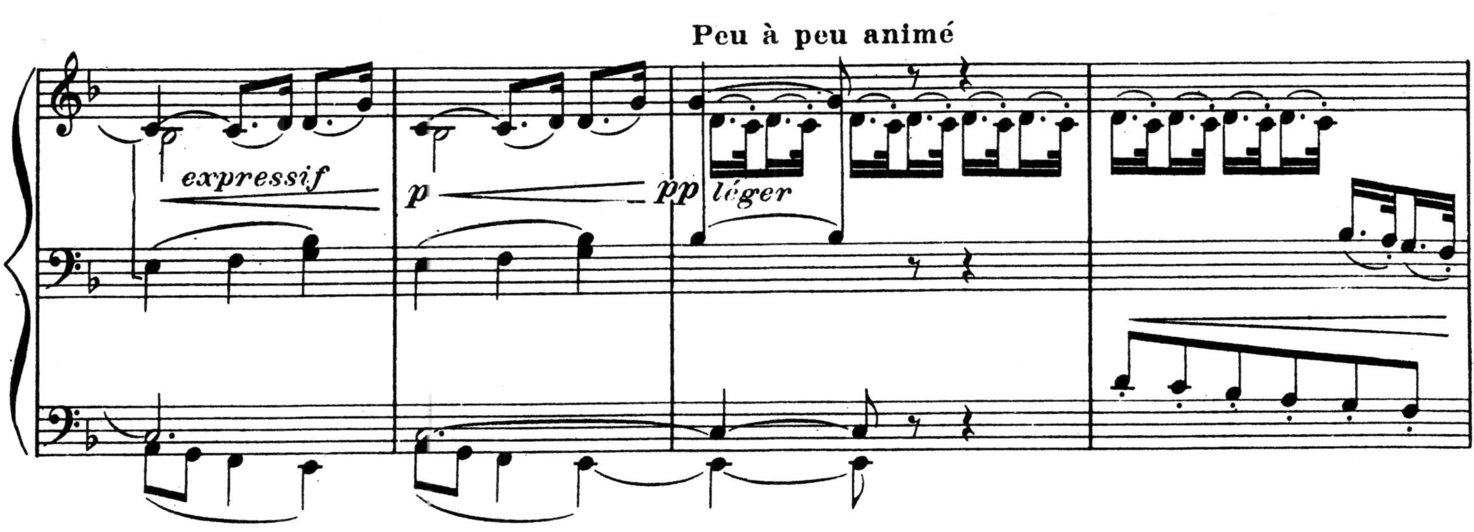

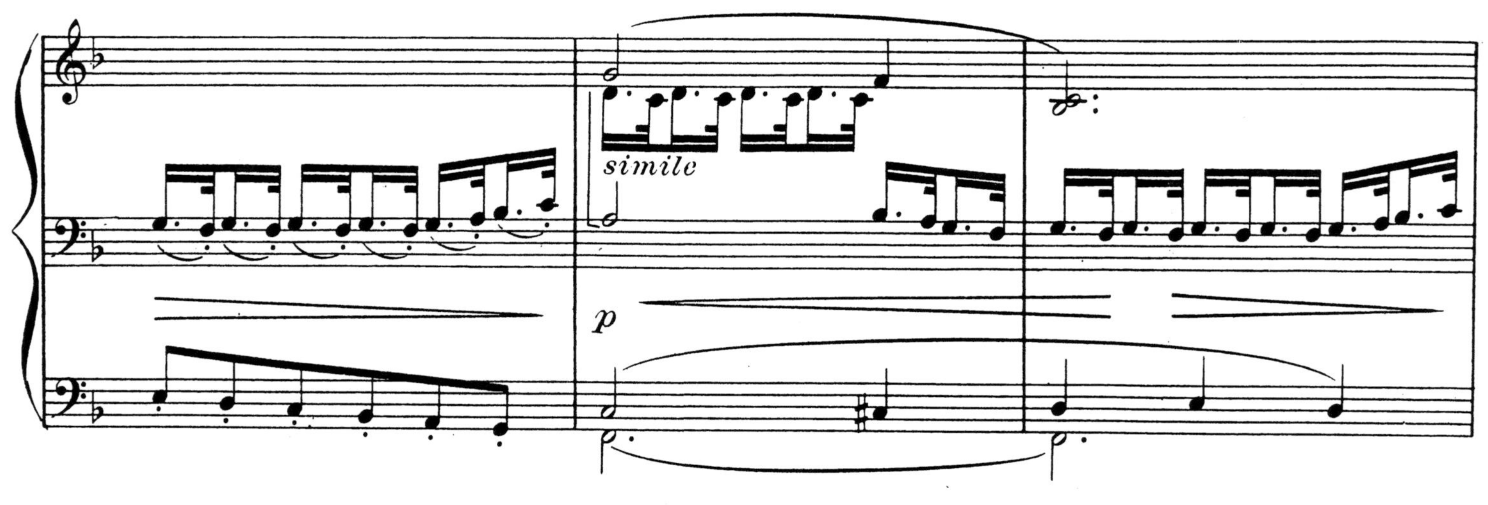

simile
p

cresc. molto
p

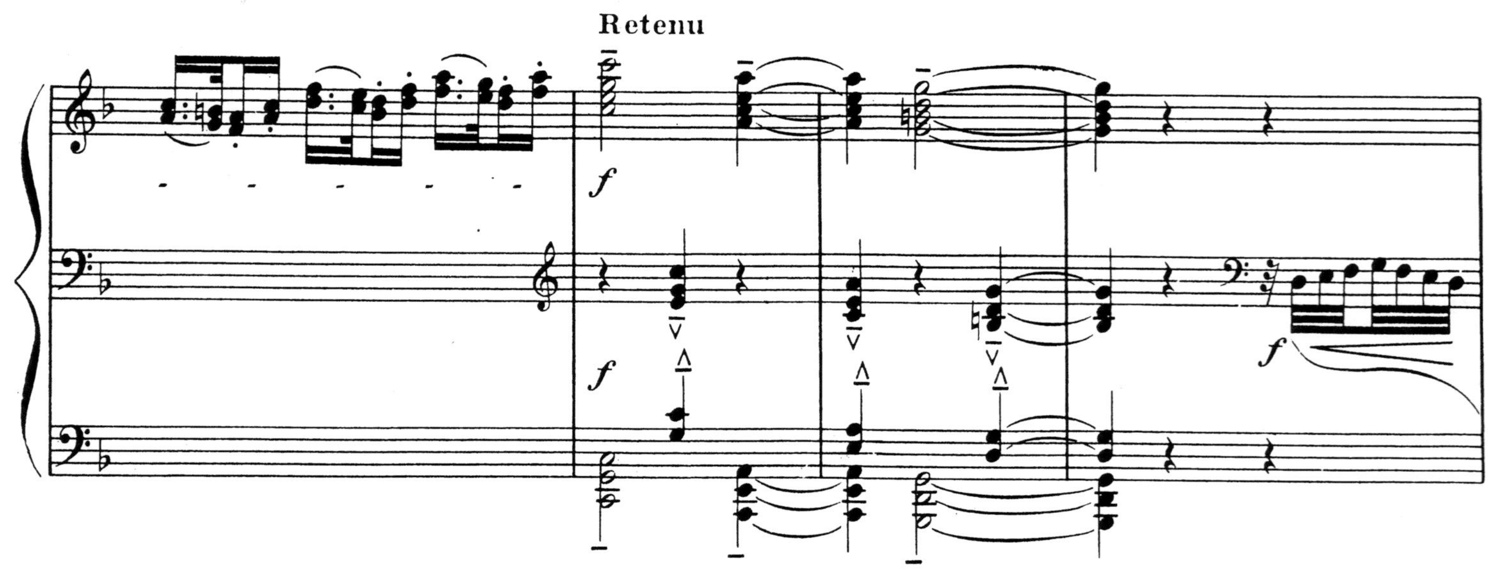

Retenu
f
f
f

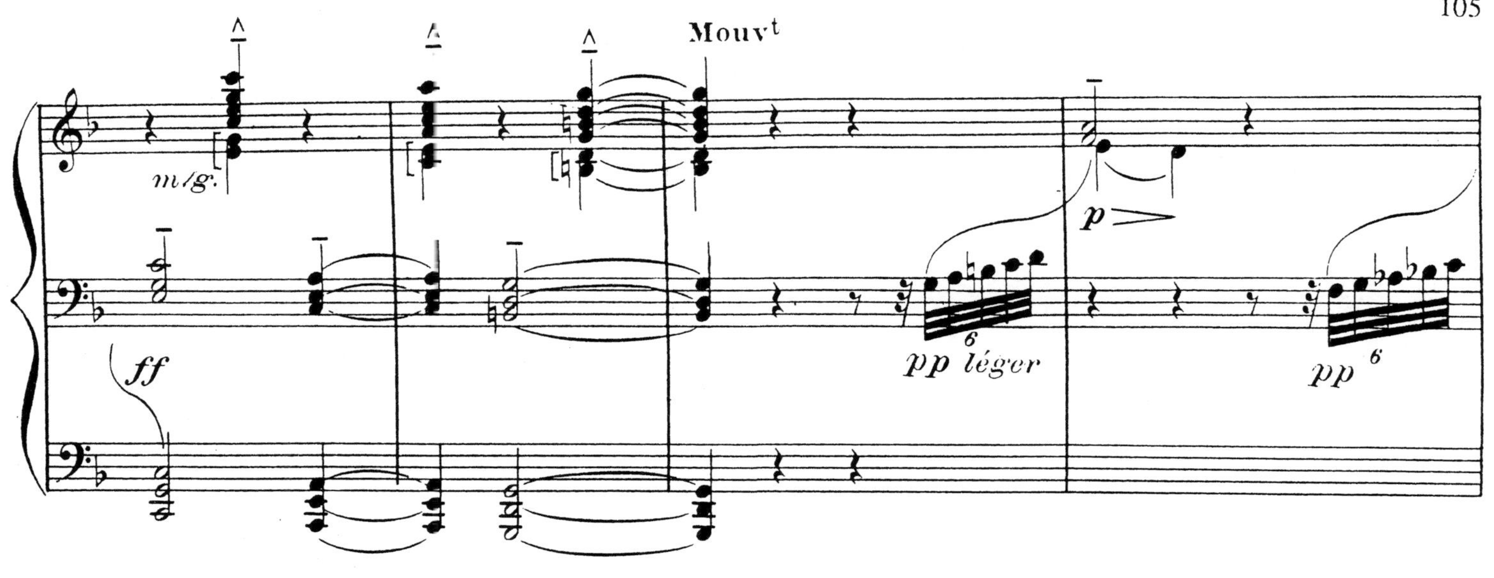
Mouvᵗ
m/g.
ff
pp léger
p
pp

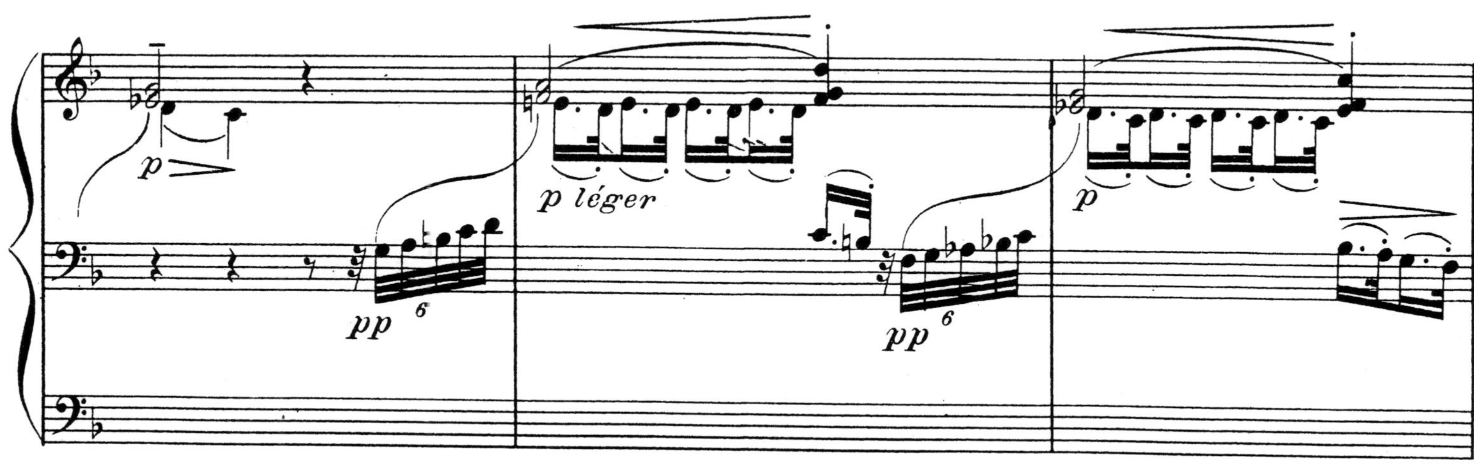
p
pp
p léger
pp
p
pp

Animez peu à peu
pp
p

p cresc. _ _ _ _ molto _ _ _ _ _ _ _

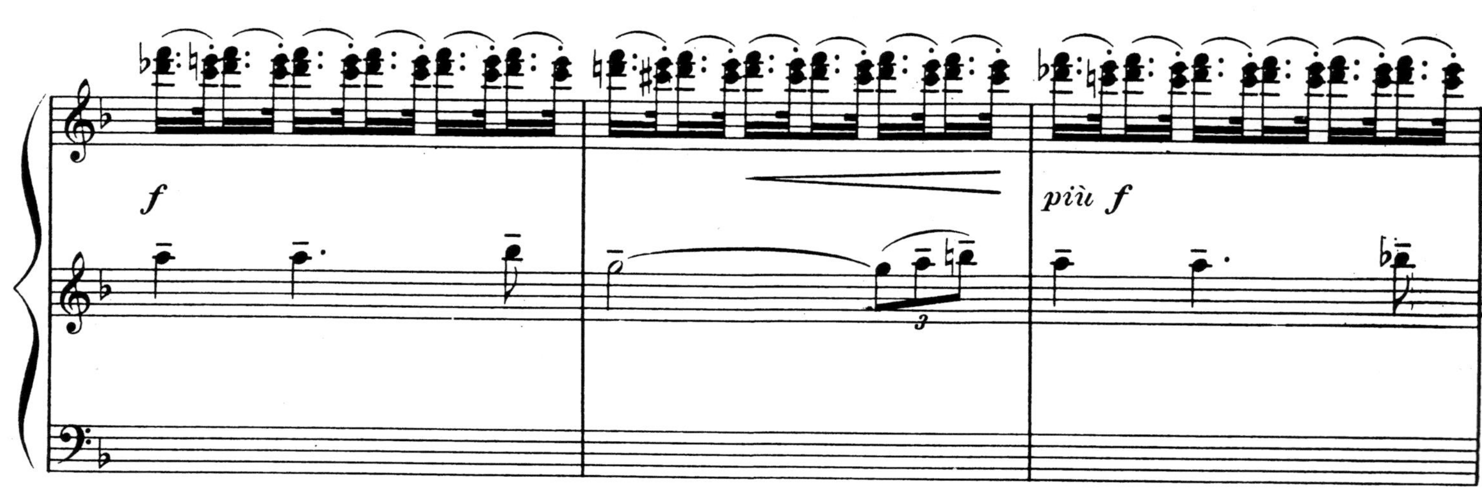
f
più f
3

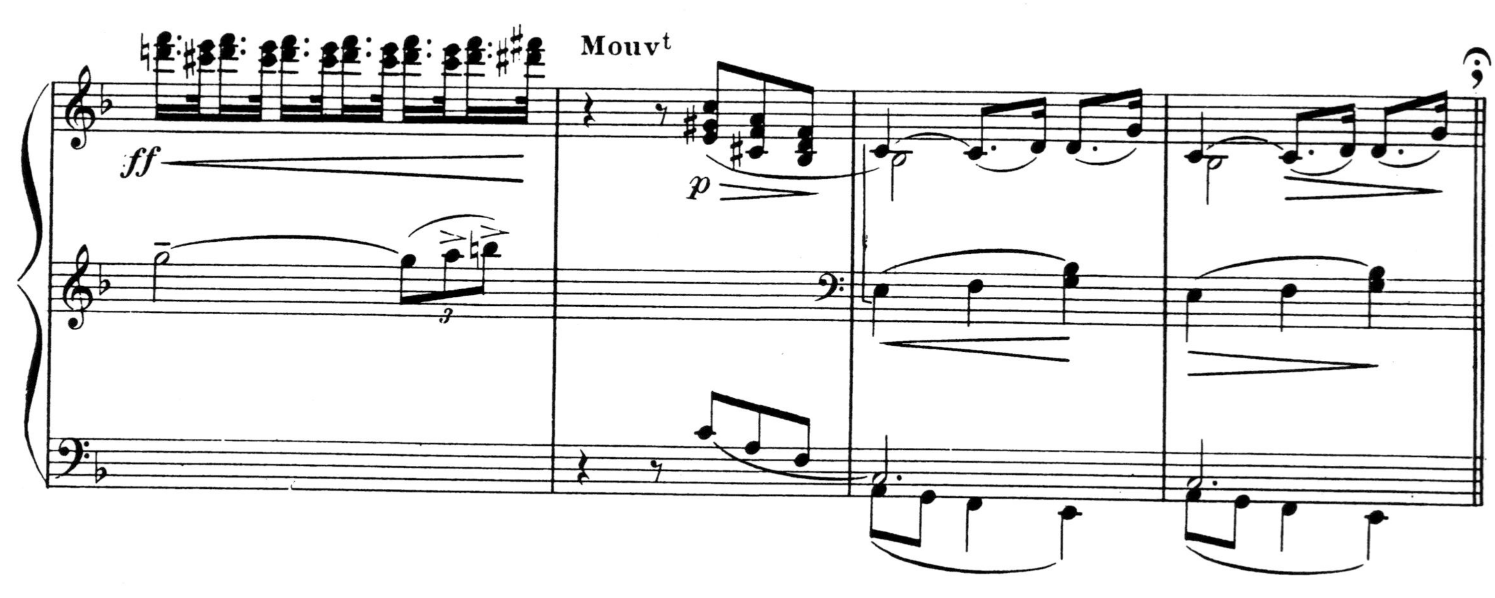
Mouvᵗ
ff
p
3

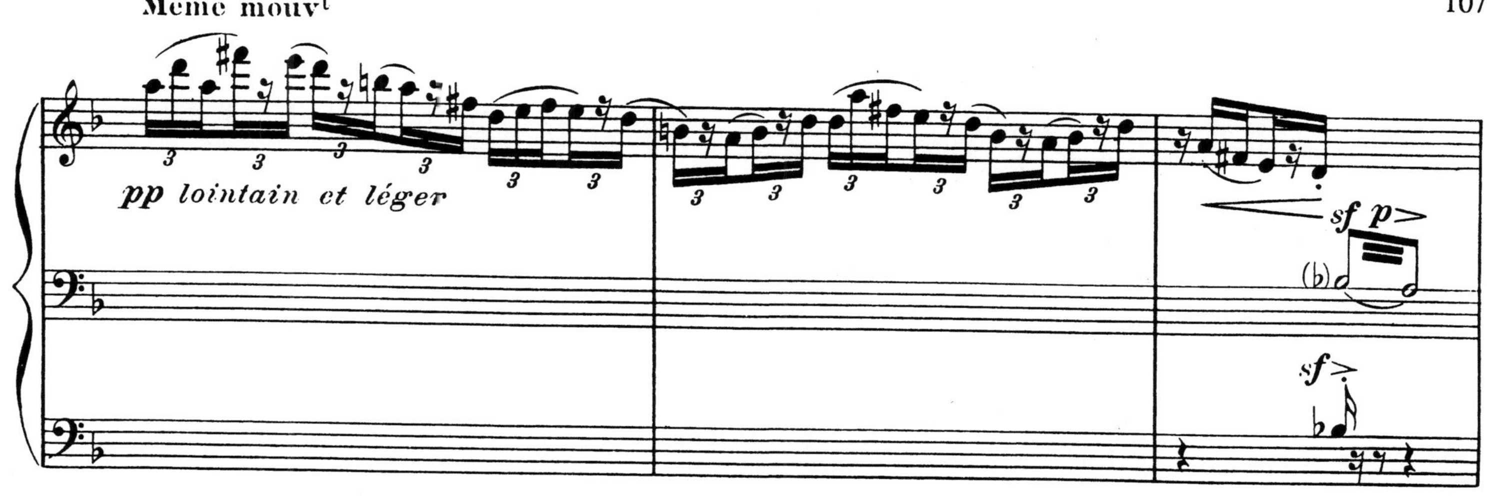

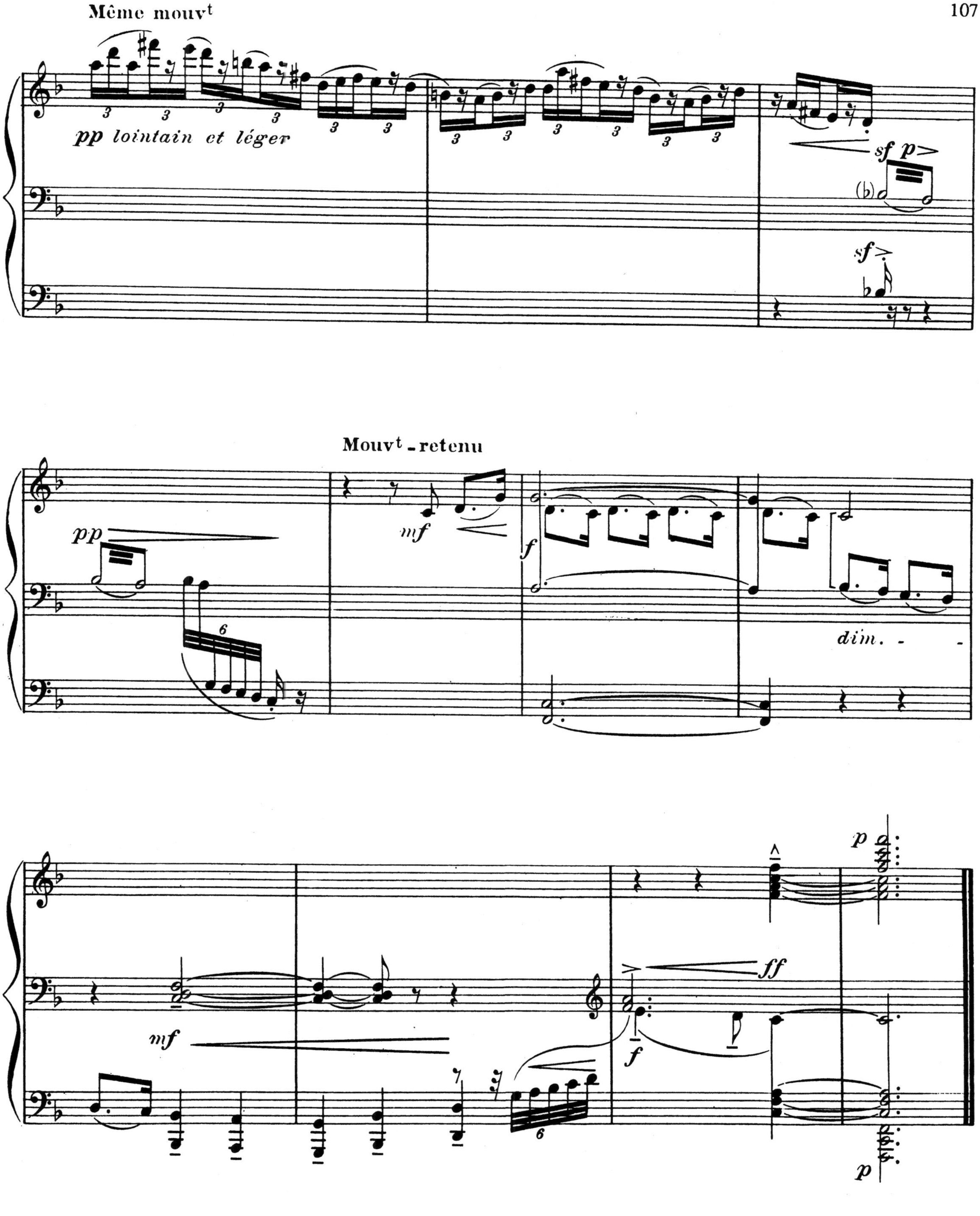
Même mouvt
pp lointain et léger
sf p
sf
pp
Mouvt - retenu
mf
f
dim.
mf
ff
f
p
p

(... Hommage à S. Pickwick Esq. P.P.M.P.C.)

X.

Très calme et doucement triste
Cédez
pp
p
più p

Mouvt
m.g.
m.d.
pp
p
p pp

p
m.g.
p pp
p

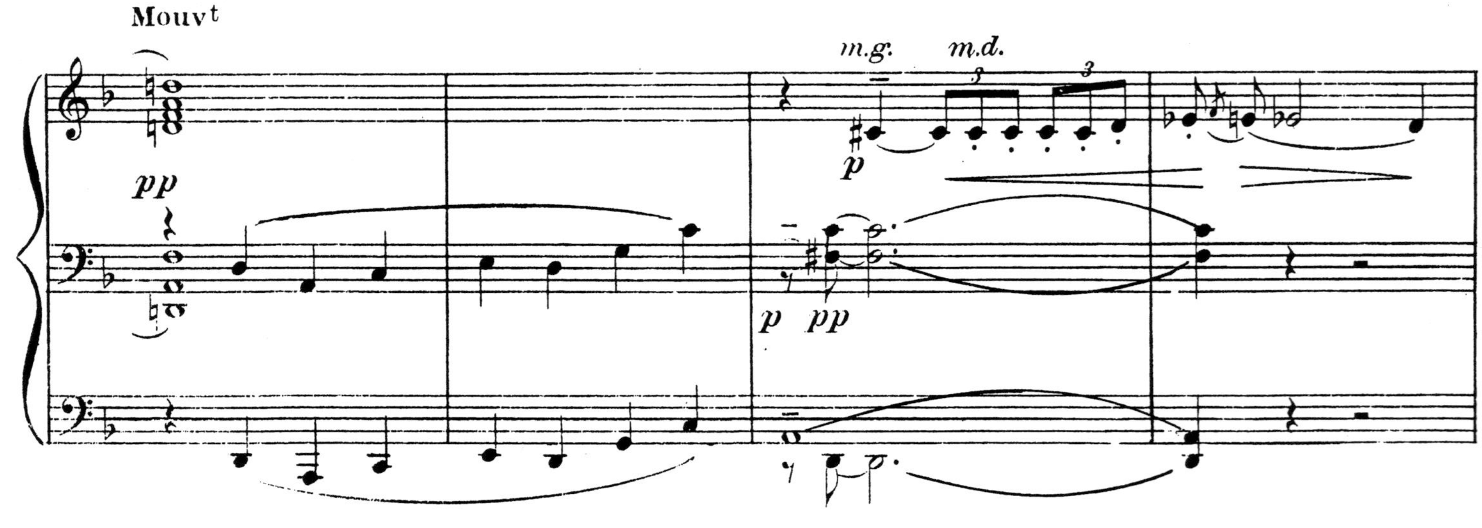

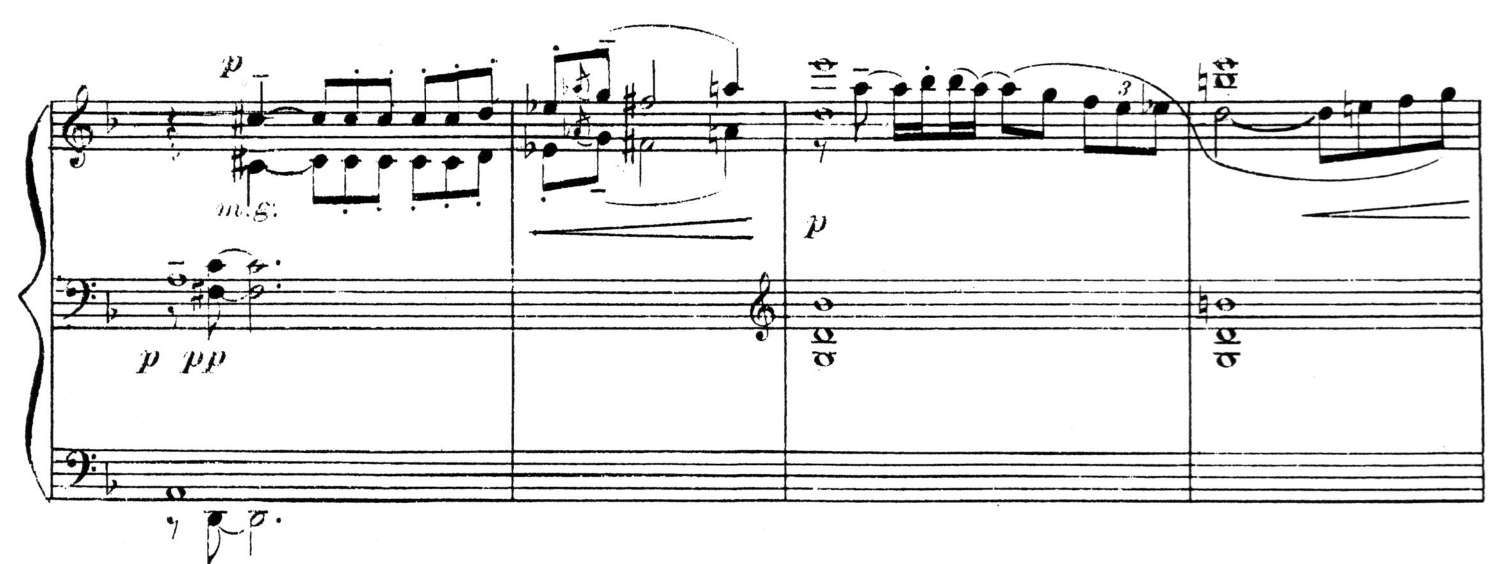

Animez un peu

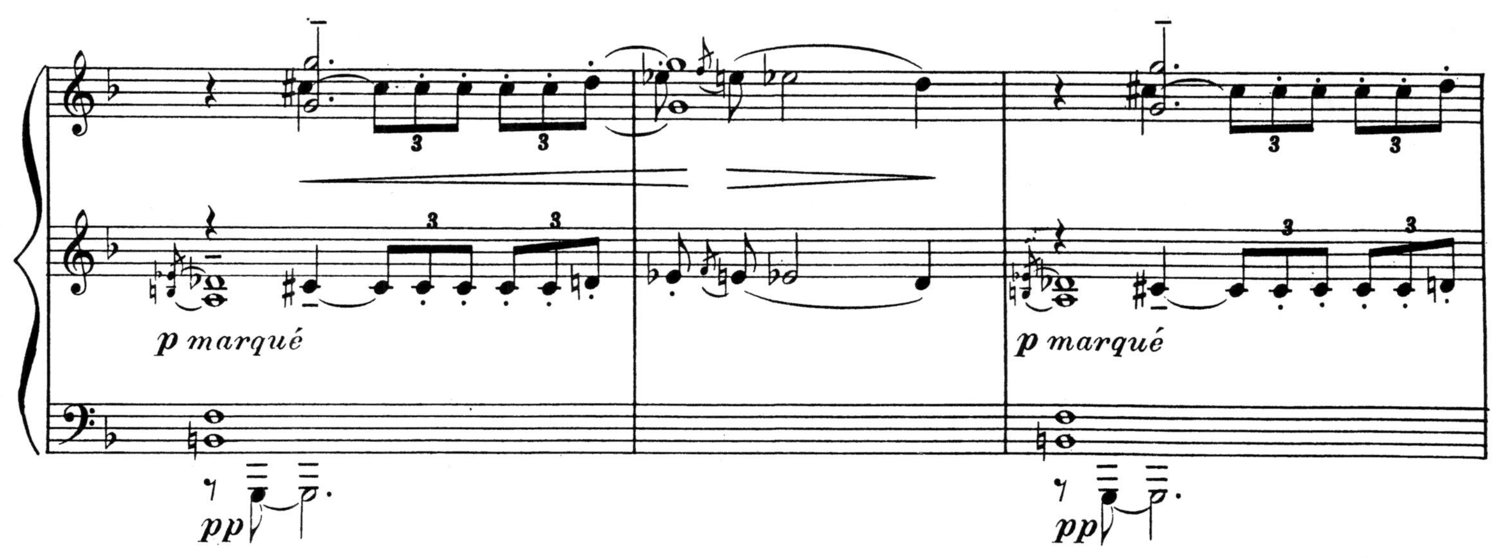

p
pp
p
pp

1er Mouvt
Retenu _ _ //
pp
p
più p

Plus lent
Très lent
très doux et très expressif
encore plus doux
pp
più pp

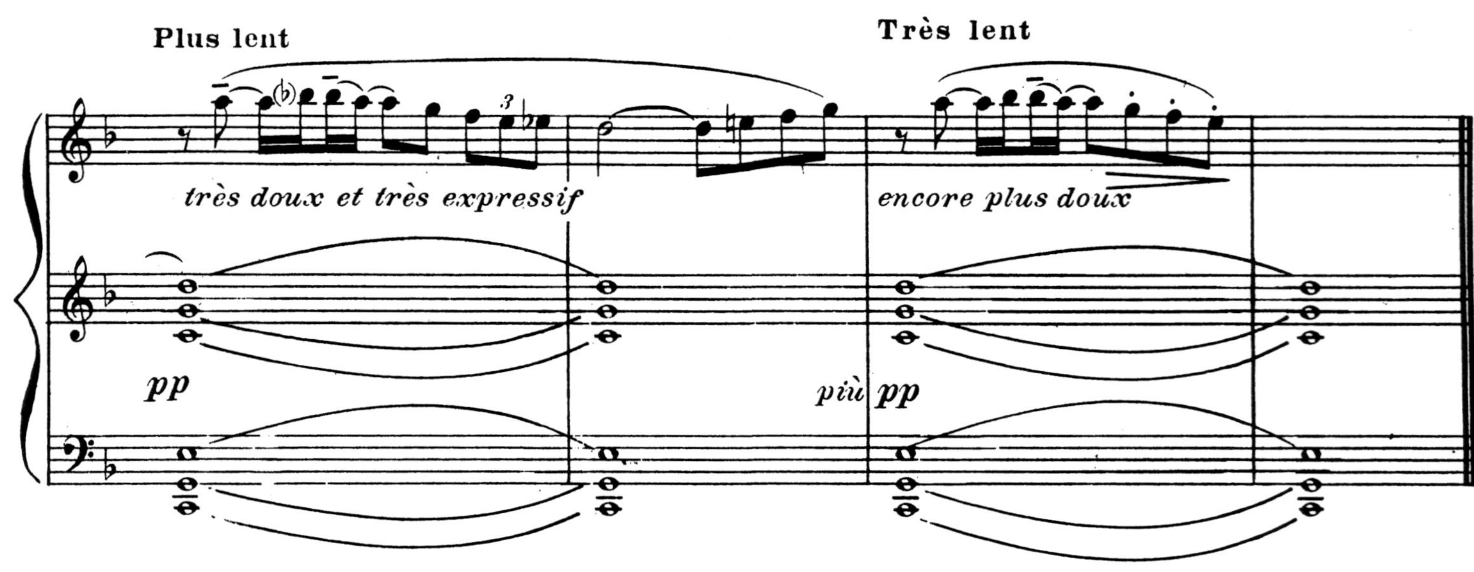

(... Canope)

XI.

Modérément animé
p
p
più p

Cédez _ _ _ _ _ _ _
Un peu plus animé
légèrement détaché sans sécheresse;
les notes marquées du signe _ doucement timbrées.
pp

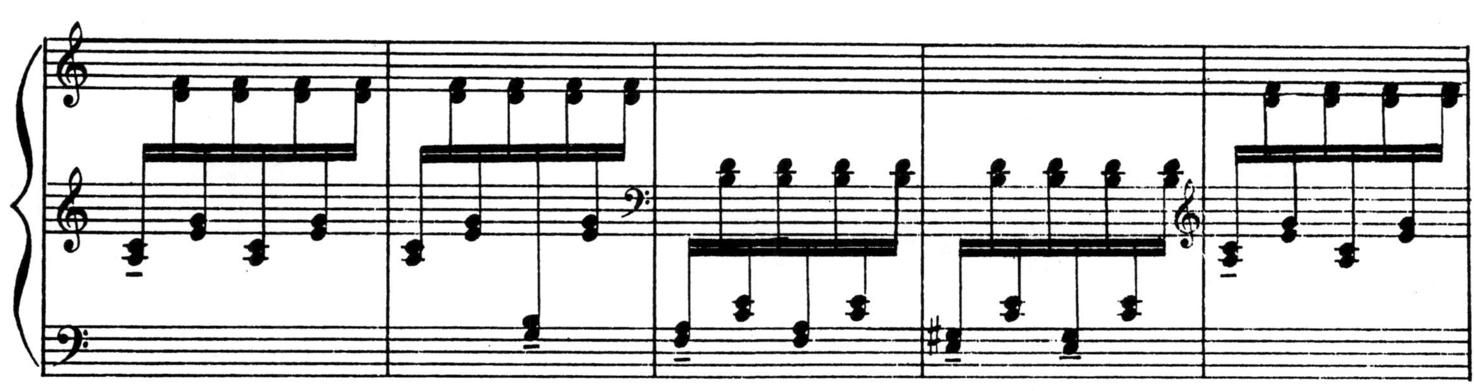

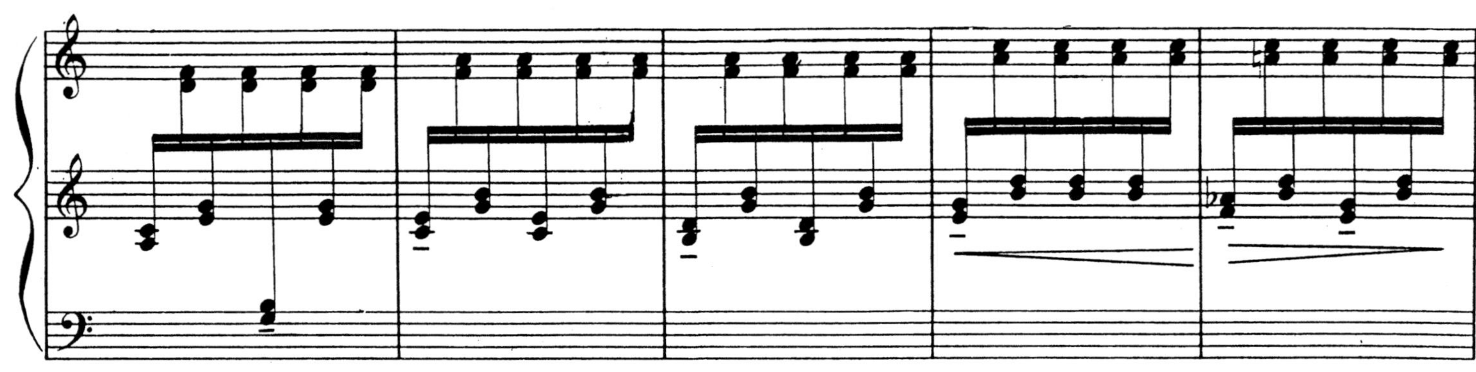

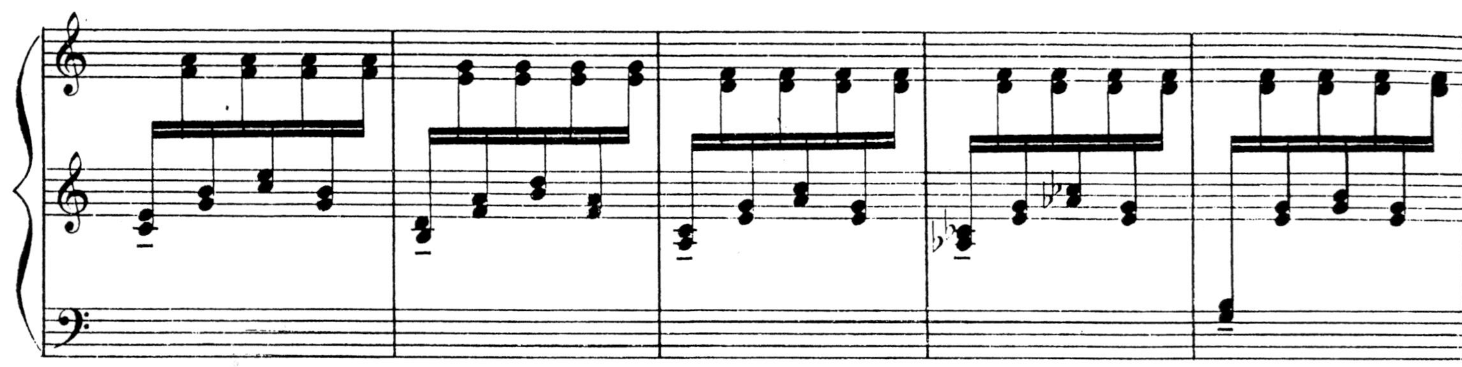

p
pp subito

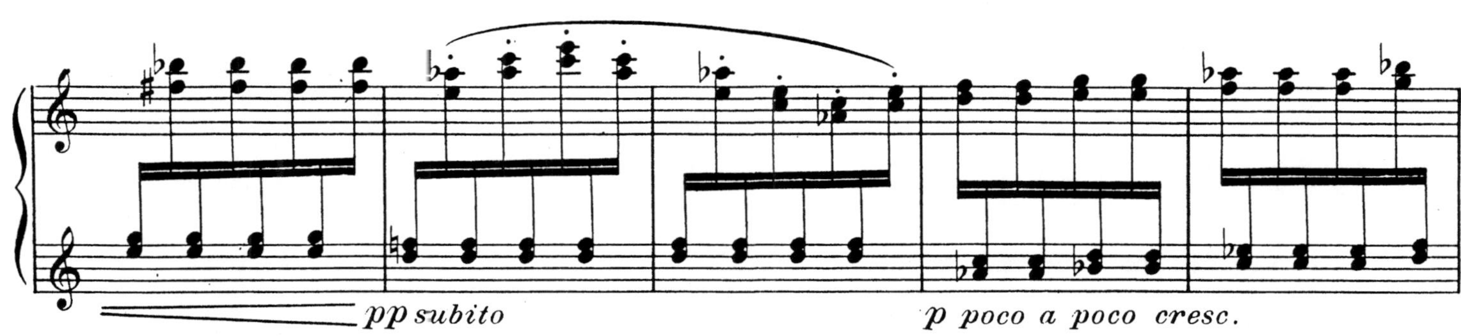
pp subito
p poco a poco cresc.

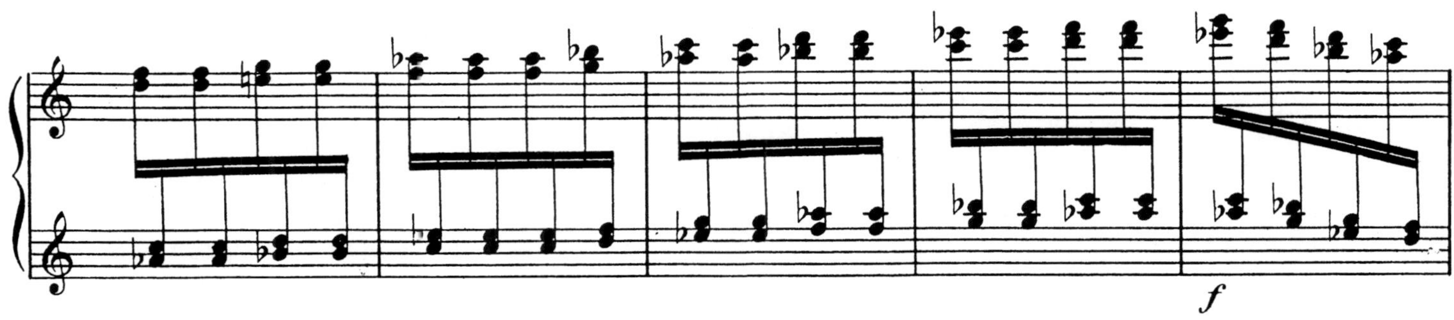
f

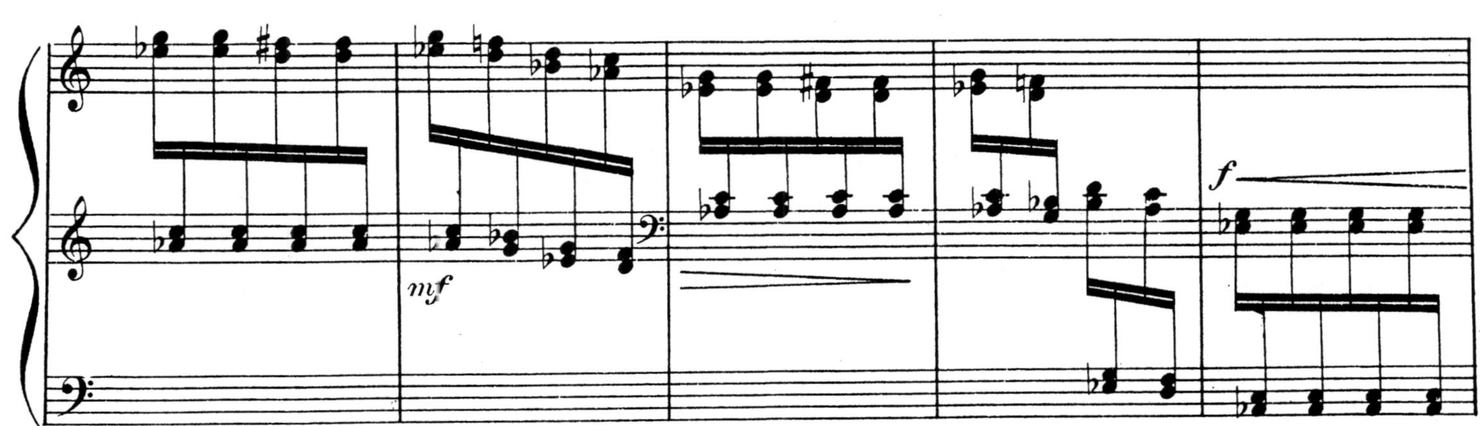
mf
f

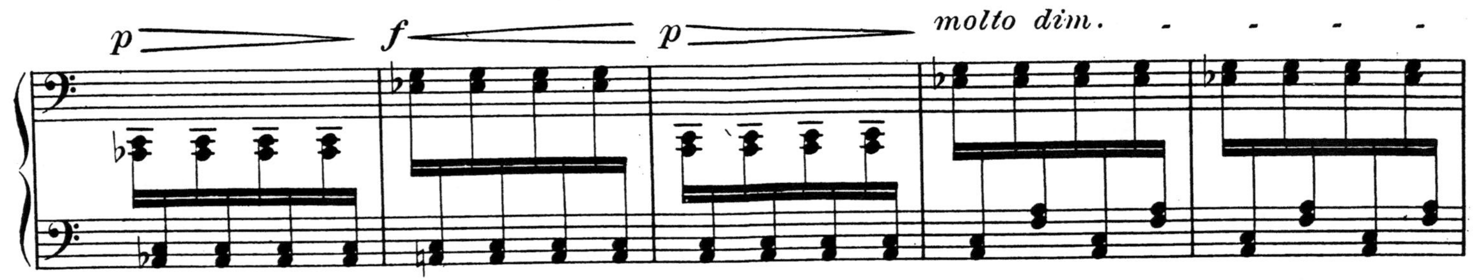
p
f
p
molto dim.

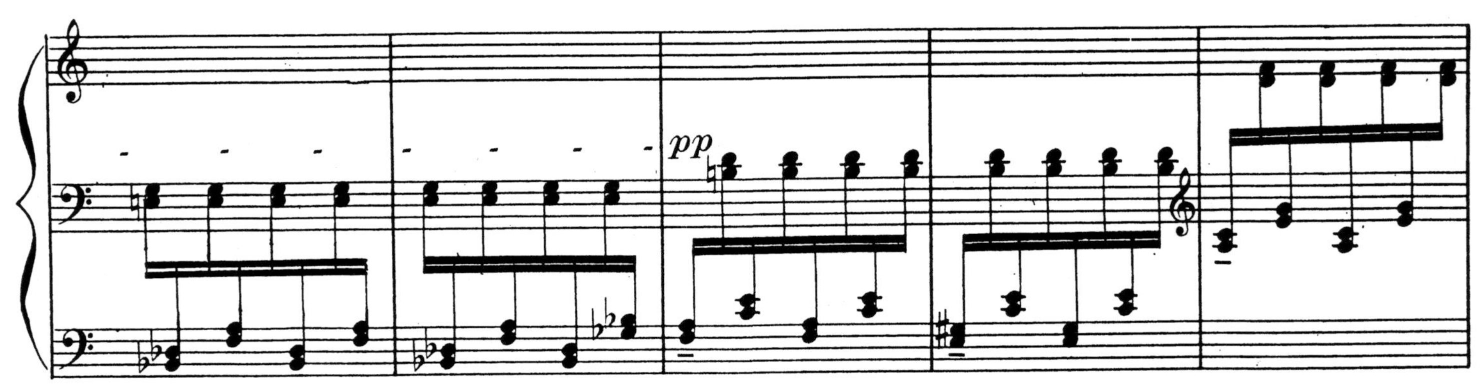
pp

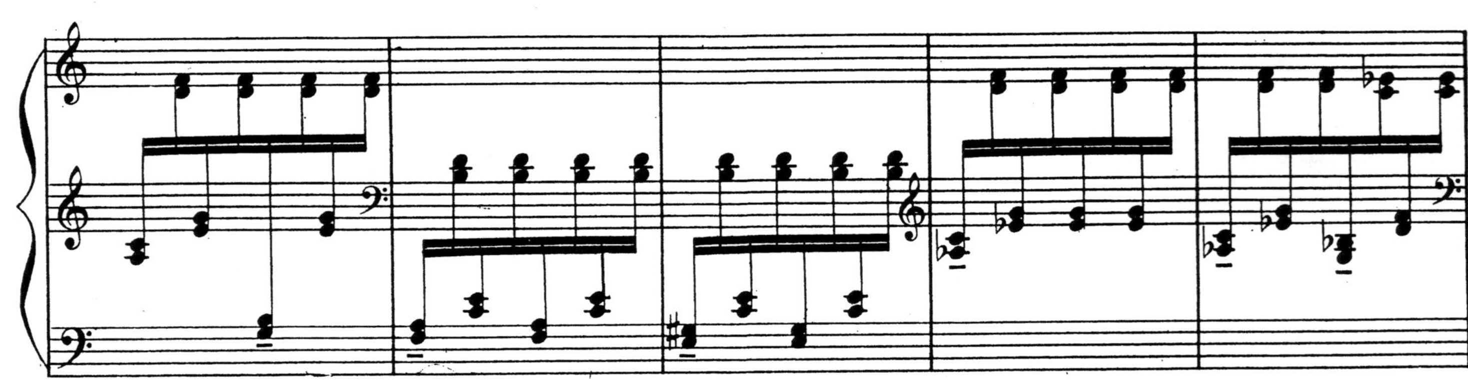

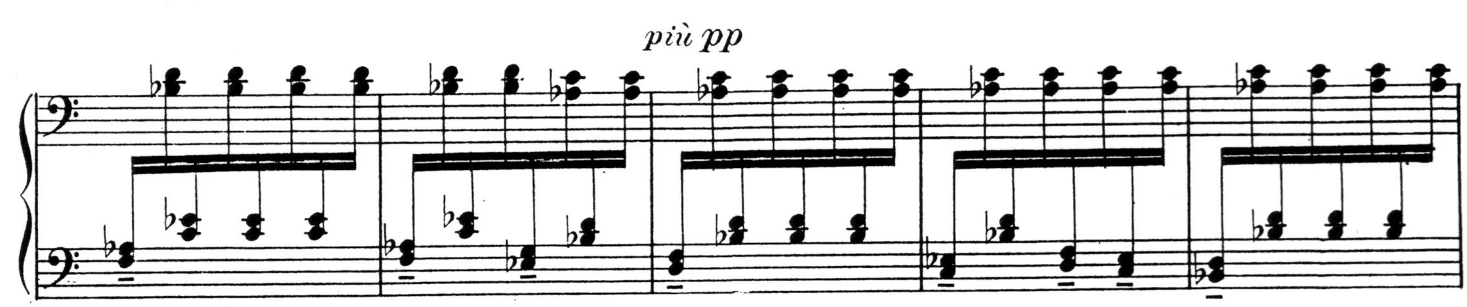
più pp

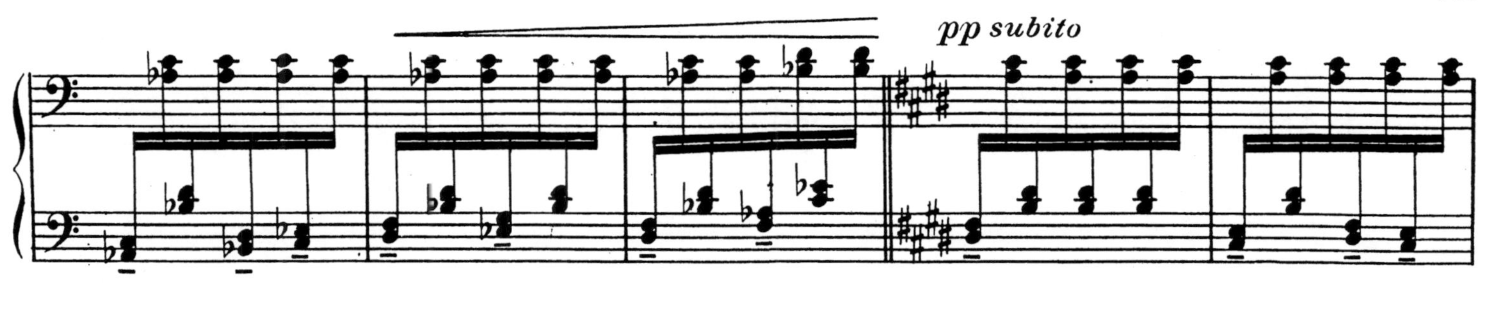
pp subito

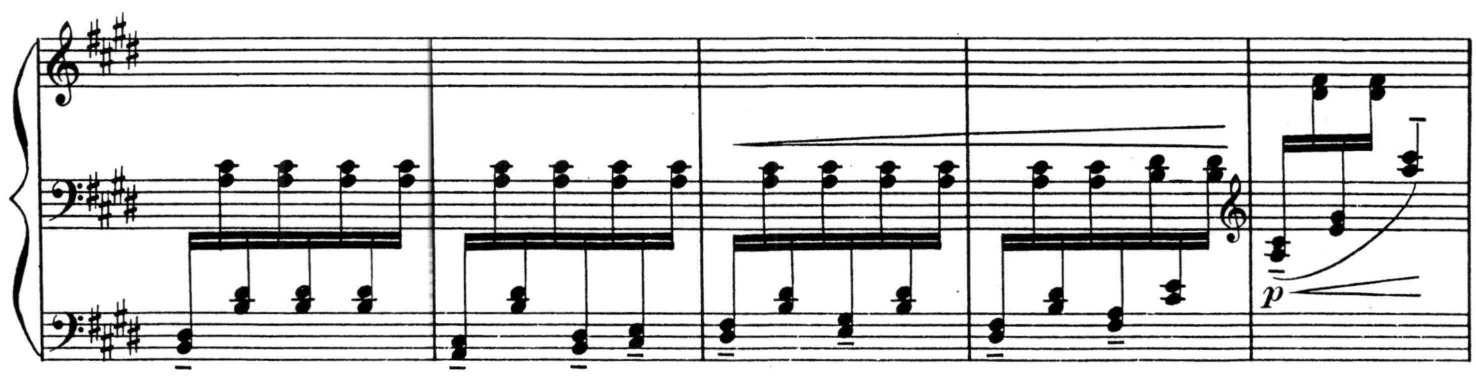

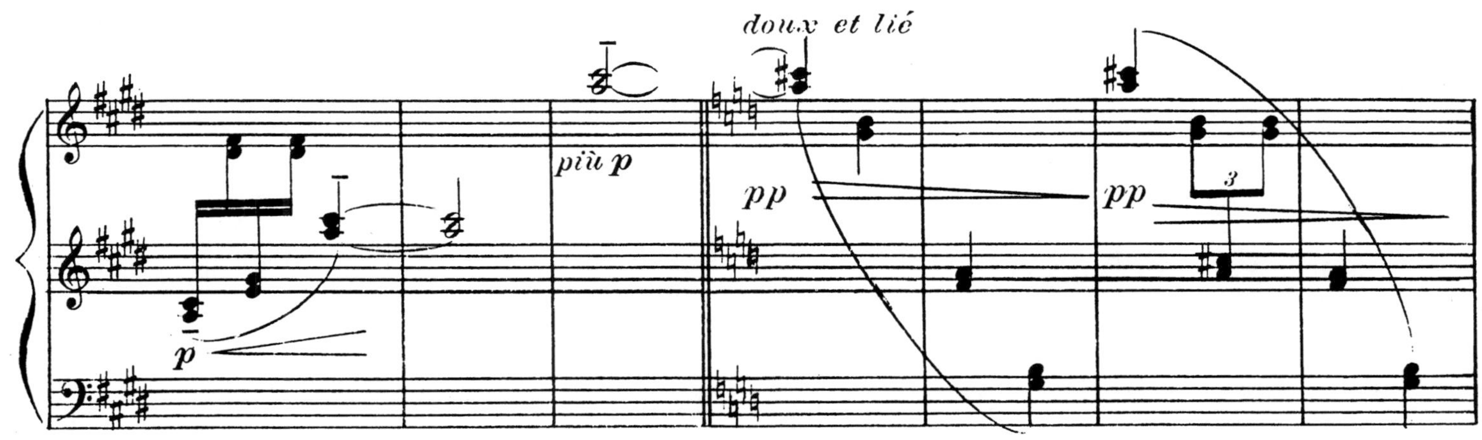
doux et lié
più p
pp
pp
p
3

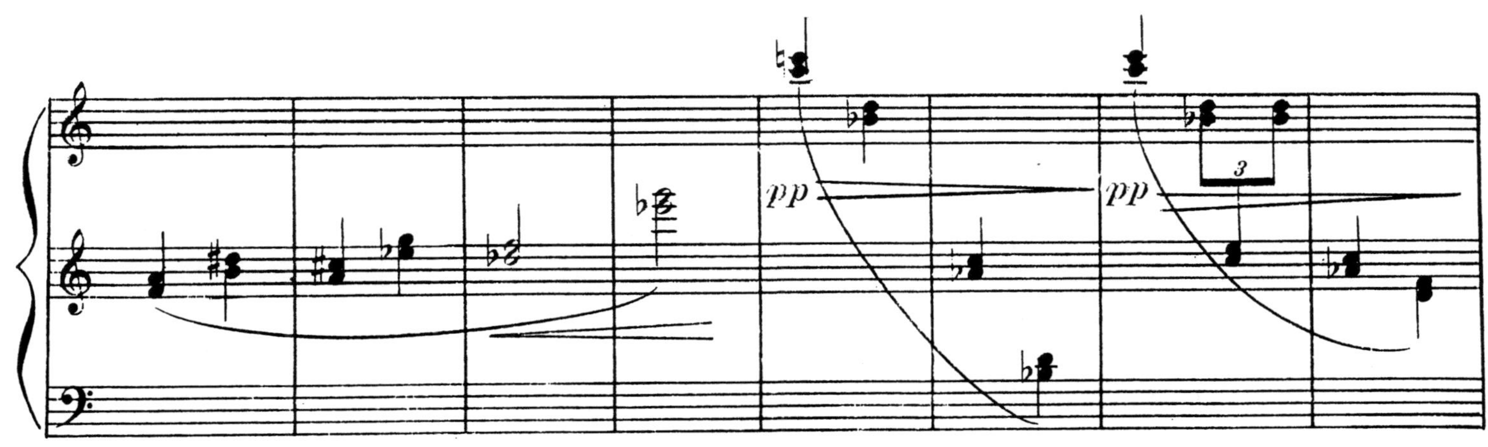
pp
pp
3

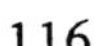

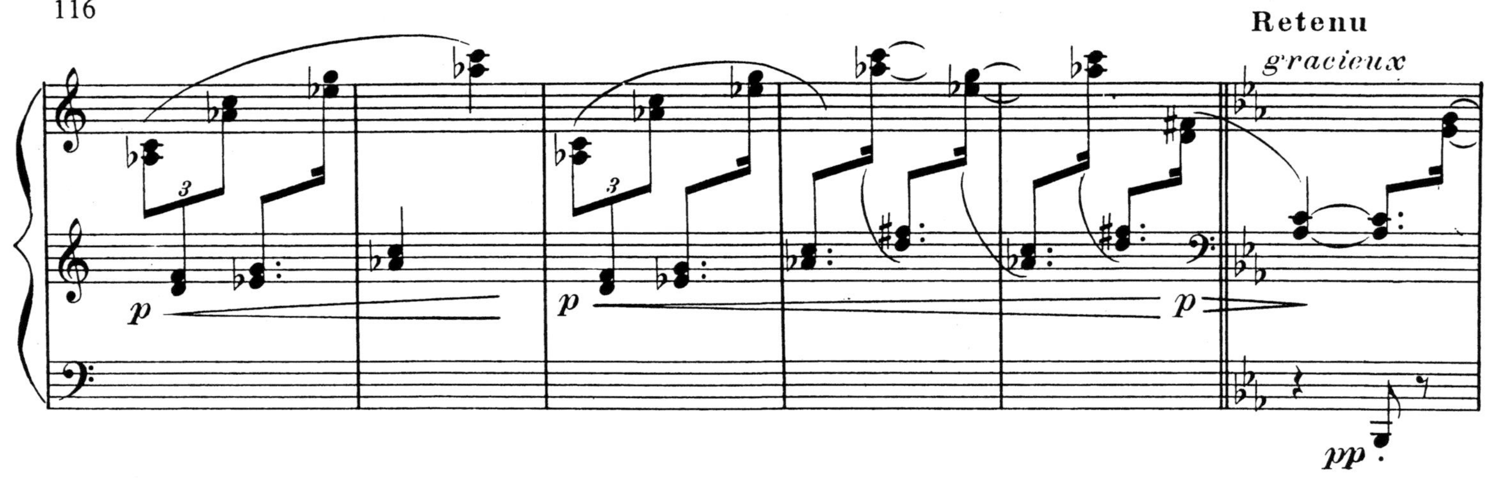

Retenu
gracieux
p
p
p
pp.

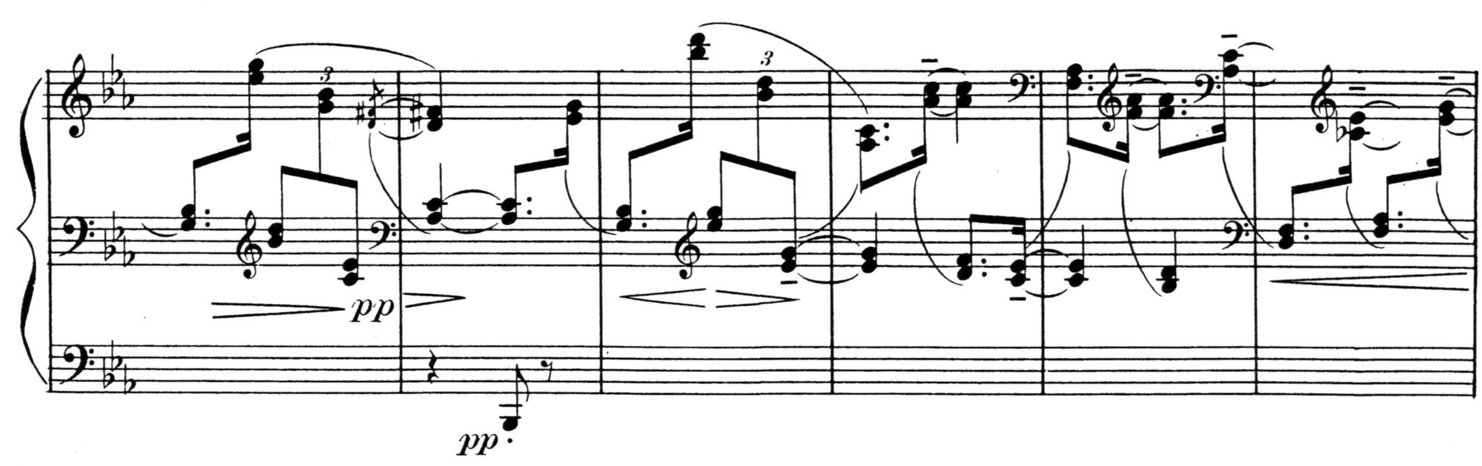

pp
pp.

au Mouvt
m.d.
pp
p

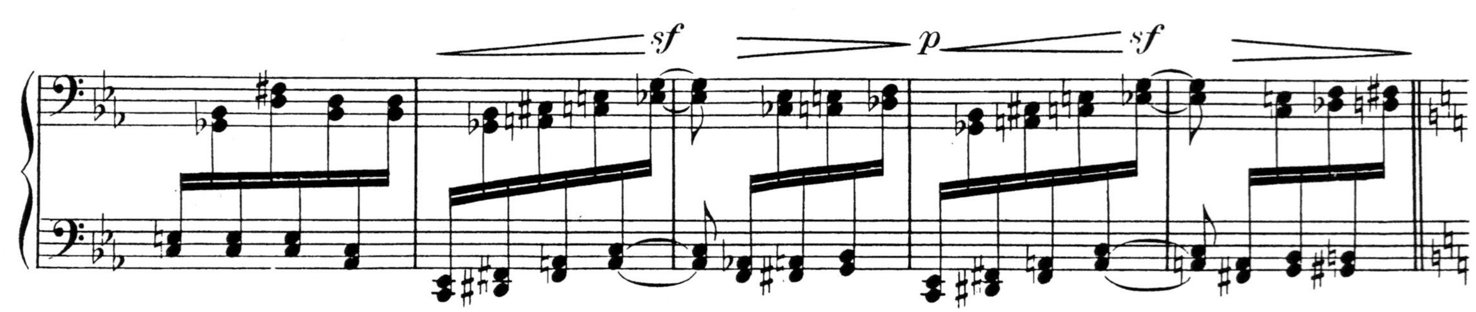

sf
p
sf

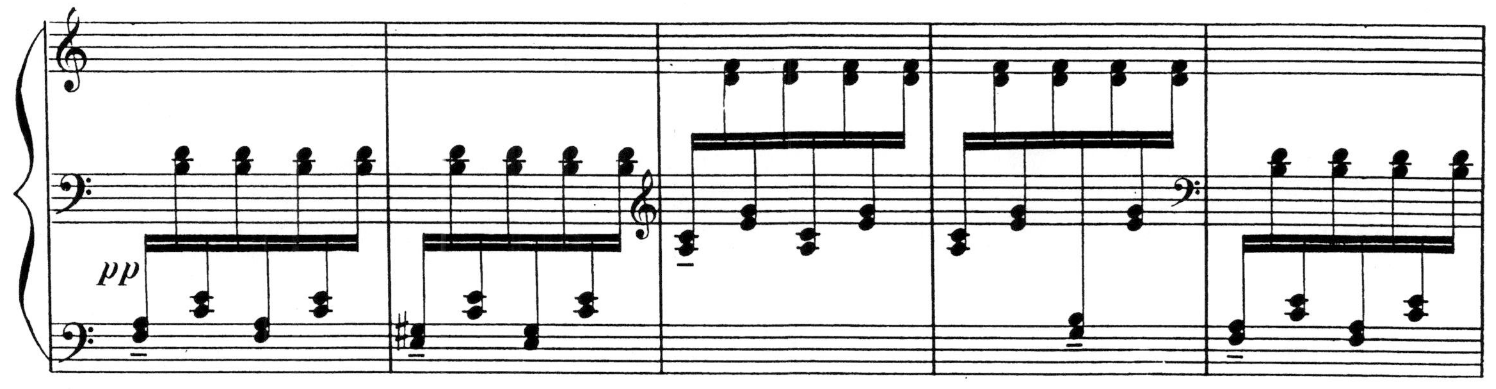
pp

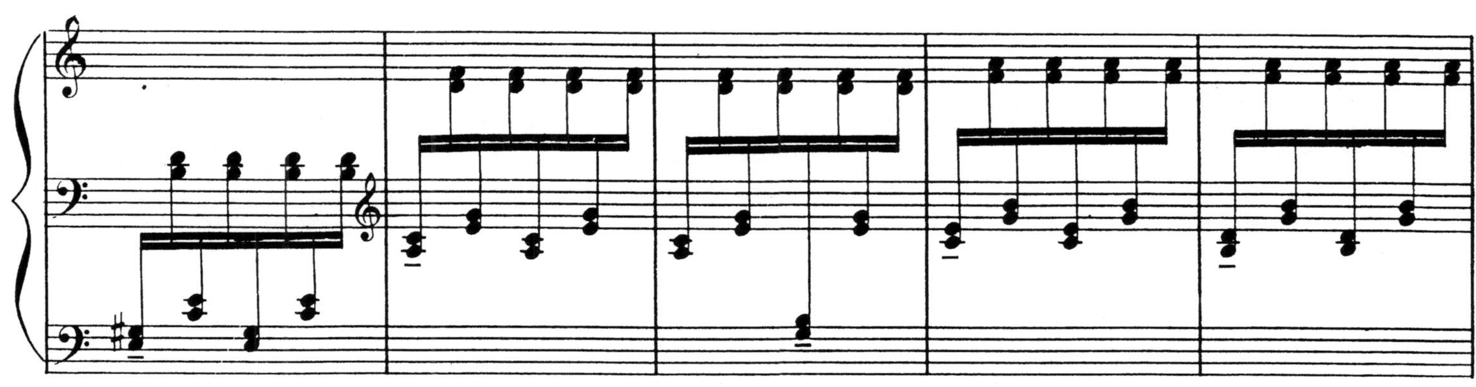

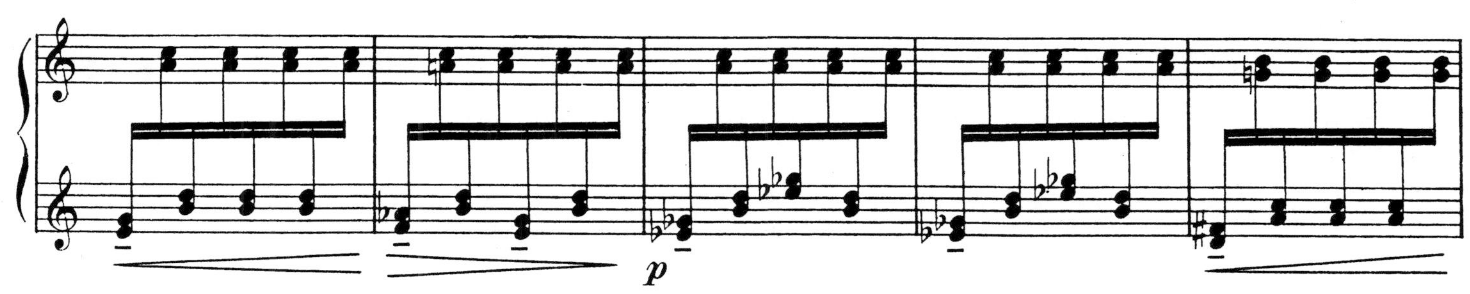
p

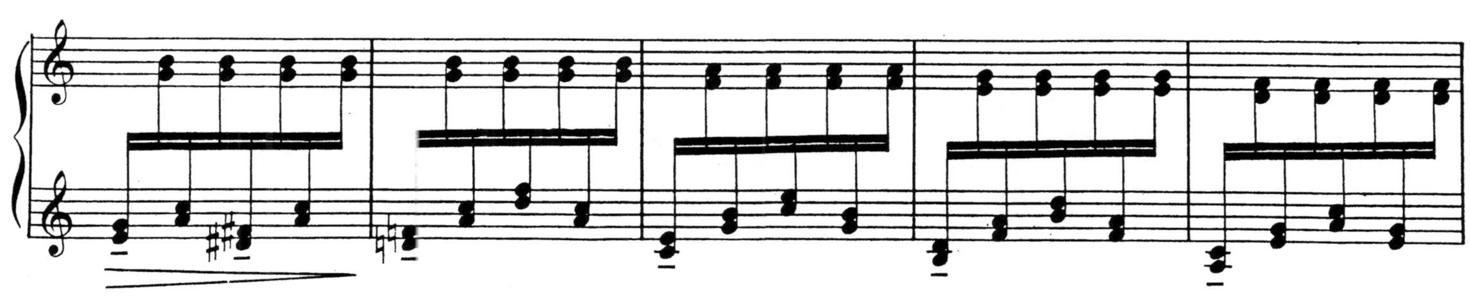

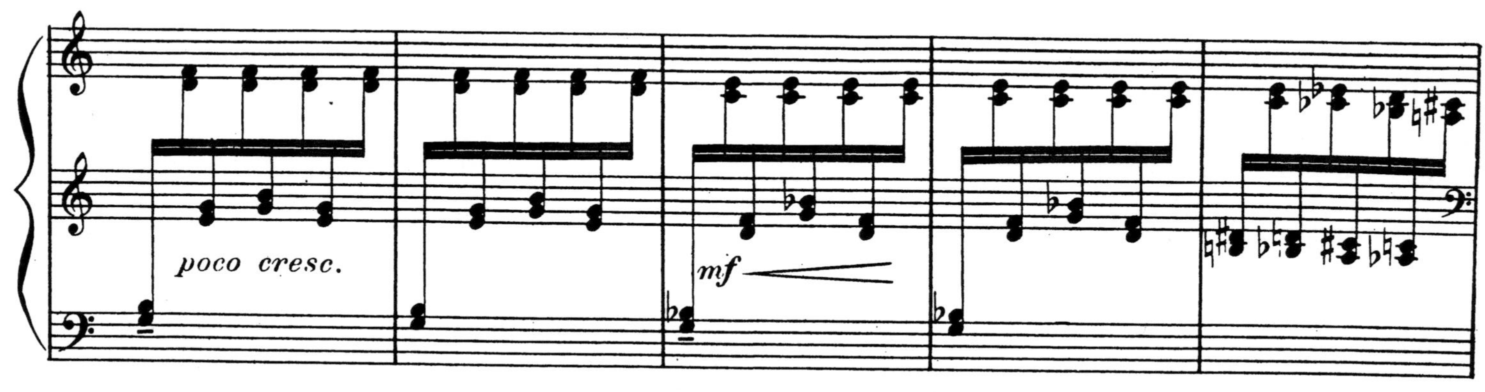

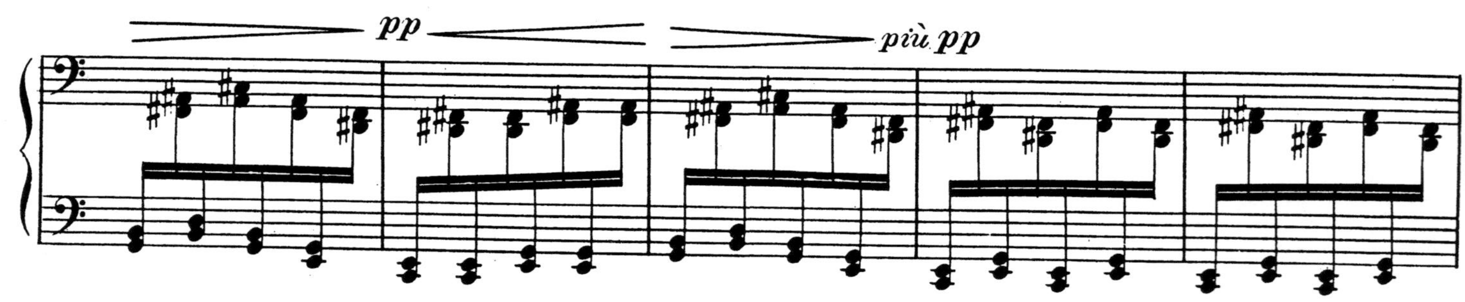

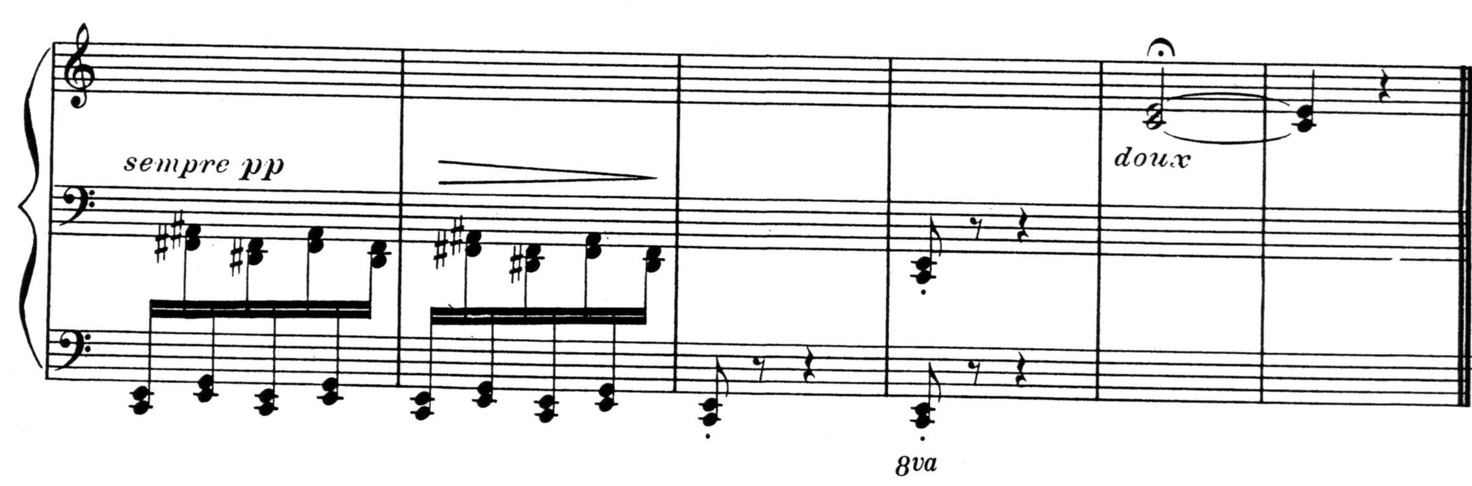

(... Les tierces alternées)

XII.

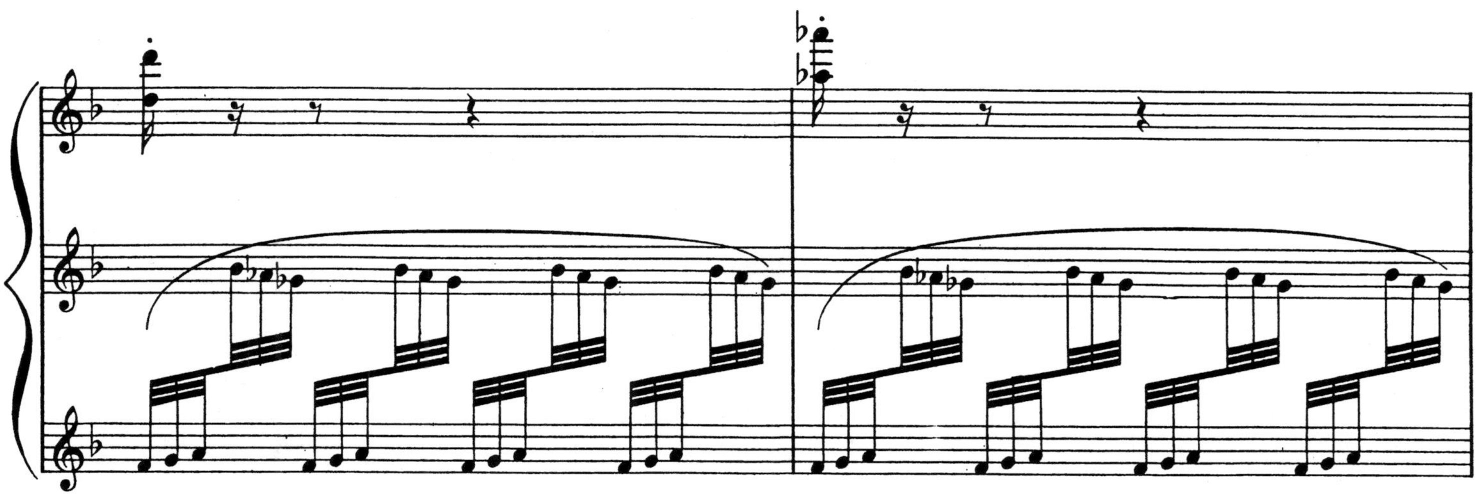

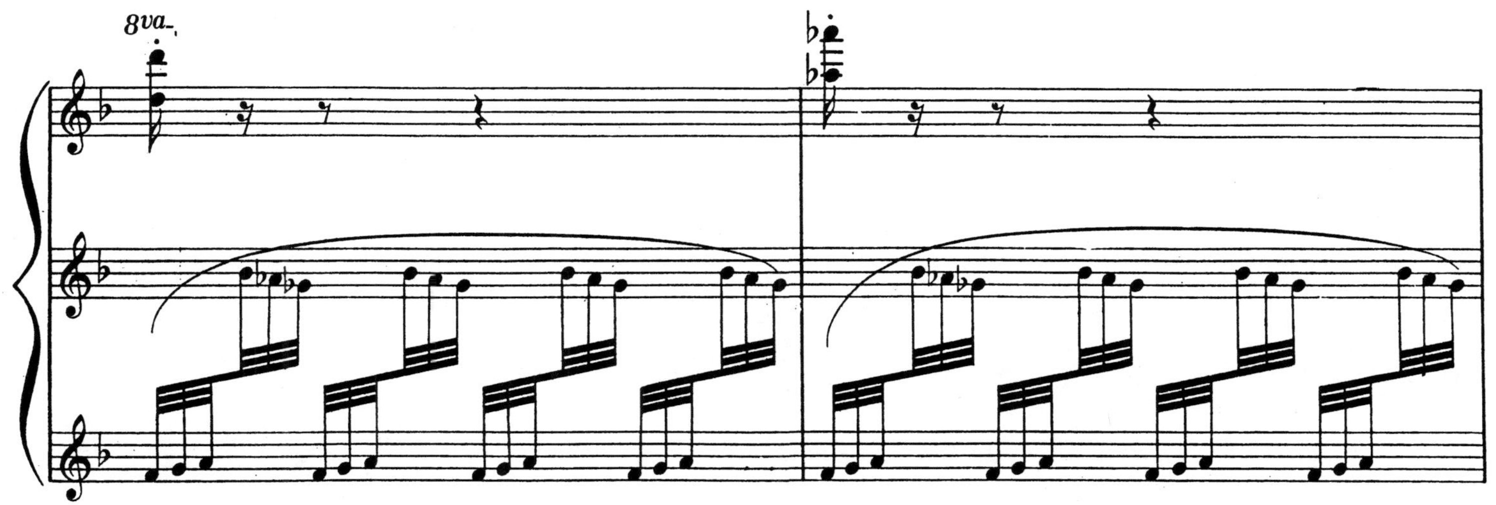

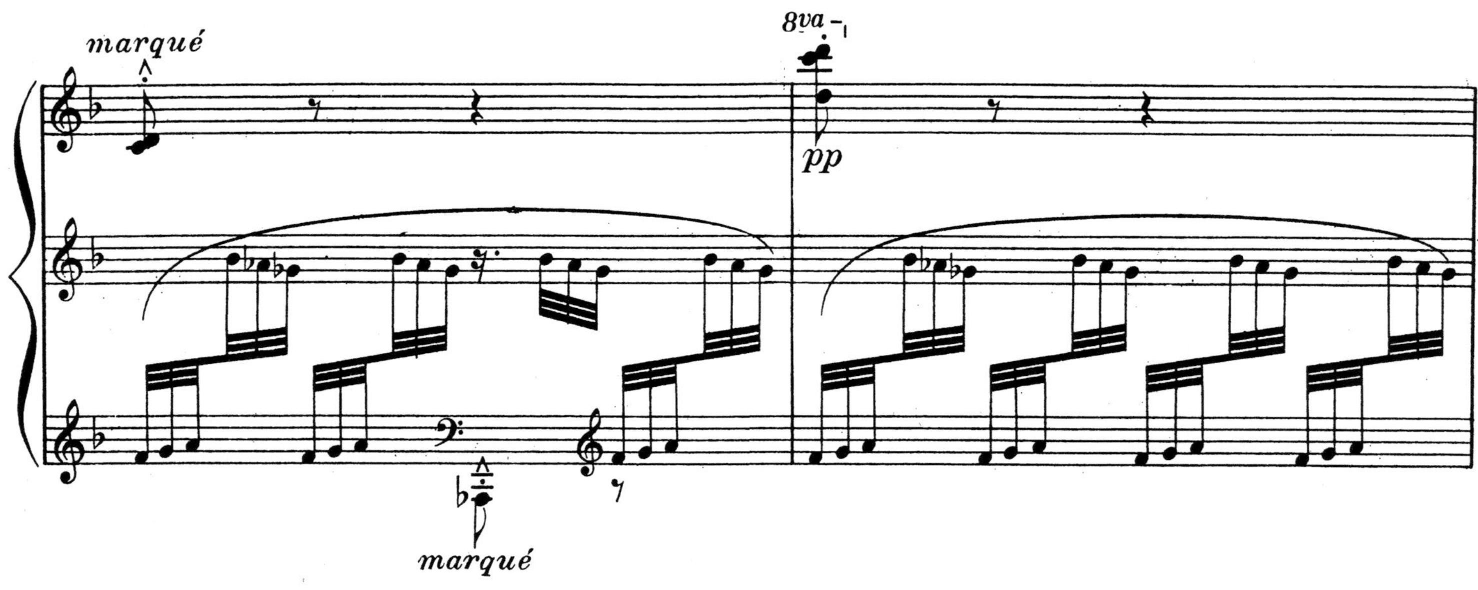

marqué
8va
pp
marqué

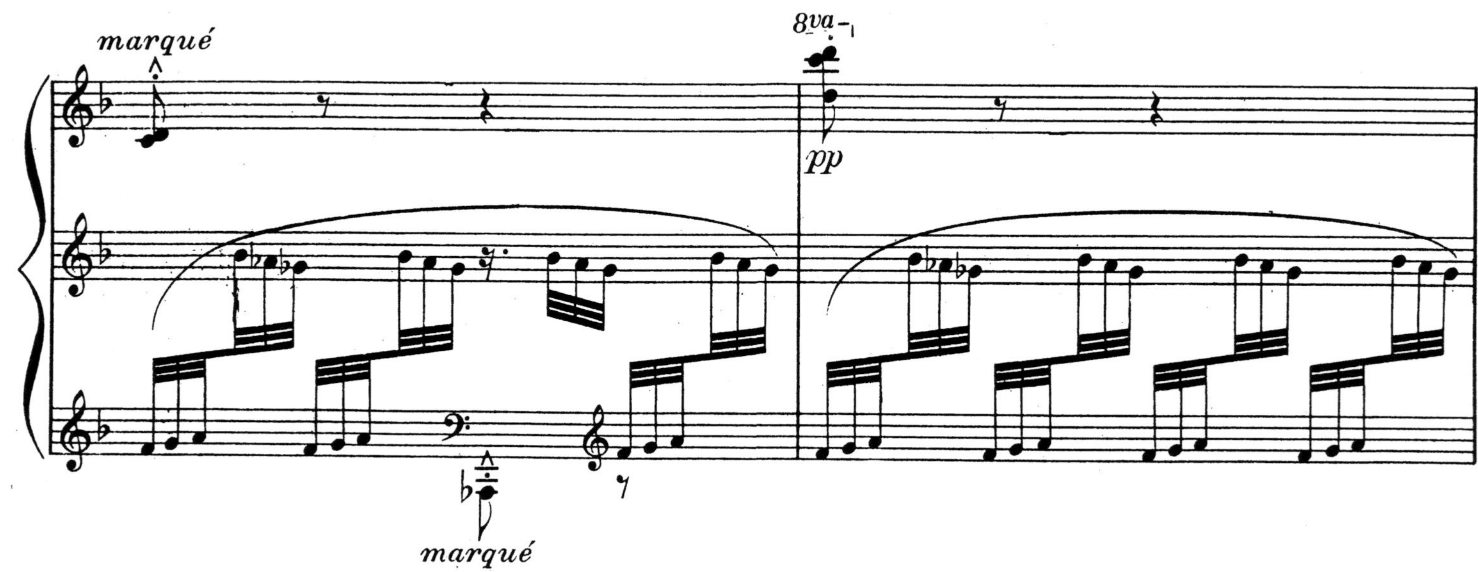

marqué
8va
pp
marqué

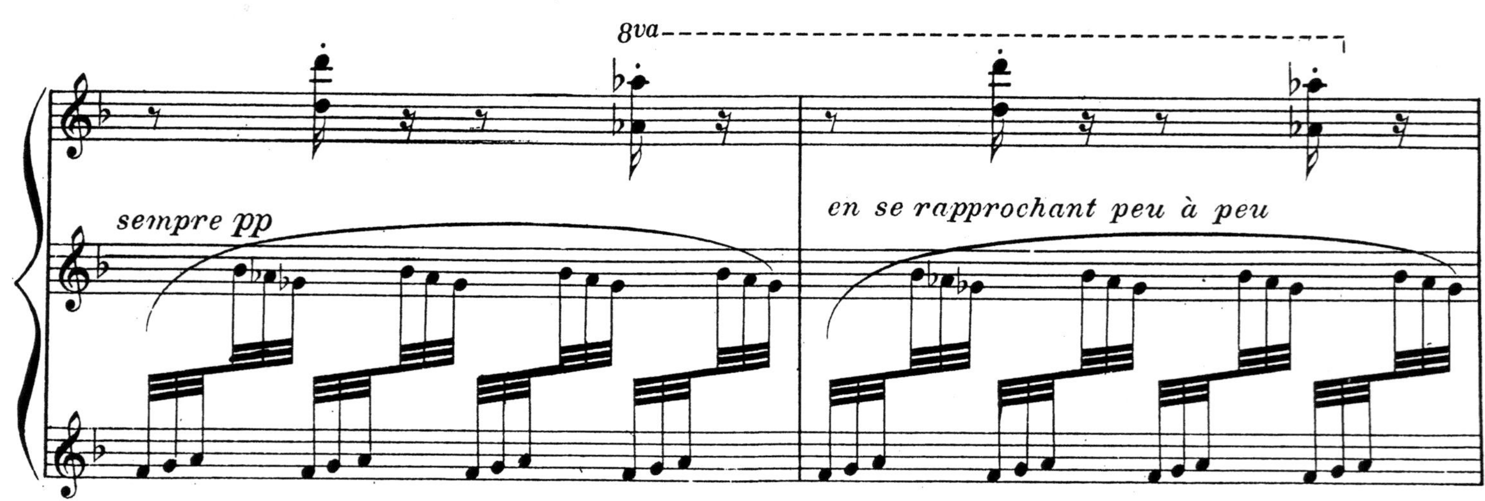

8va
sempre pp
en se rapprochant peu à peu

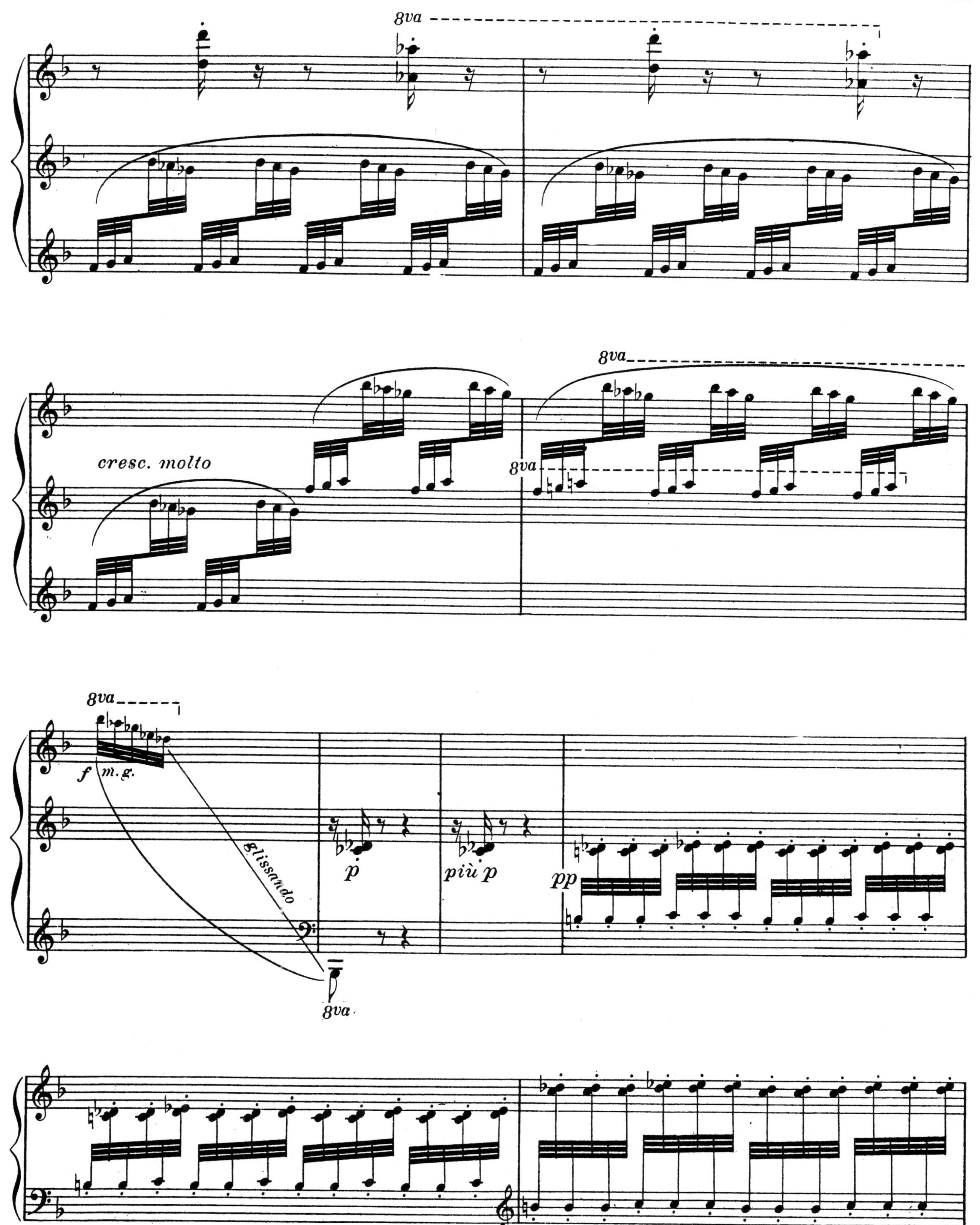

8va
8va
cresc. molto
8va
8va
8va
f m.g.
glissando
8va
p
più p
pp

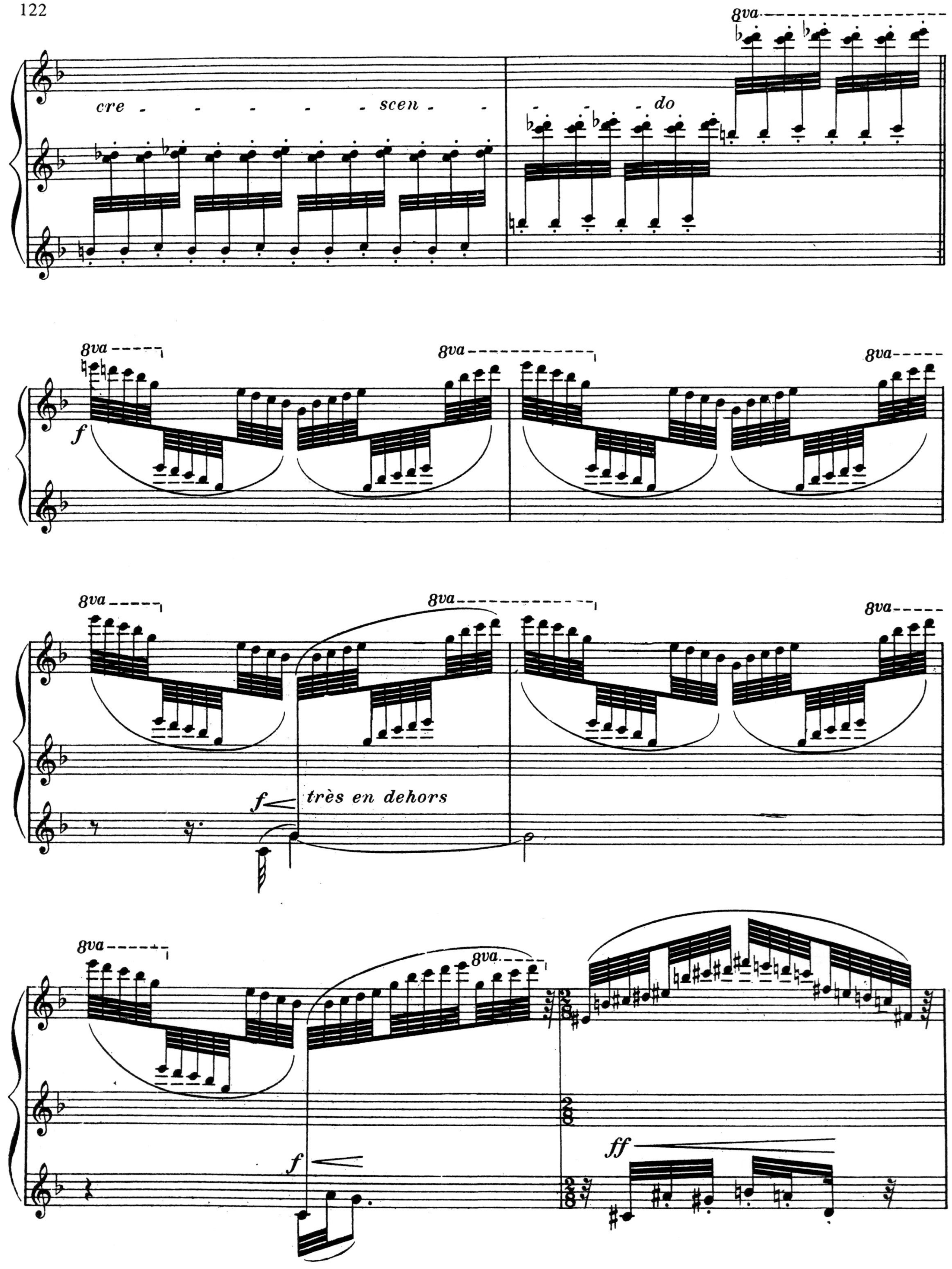

cre - - - - scen - -
- do
8va
f
8va
8va
8va
8va
8va
8va
f
très en dehors
8va
8va
f
ff

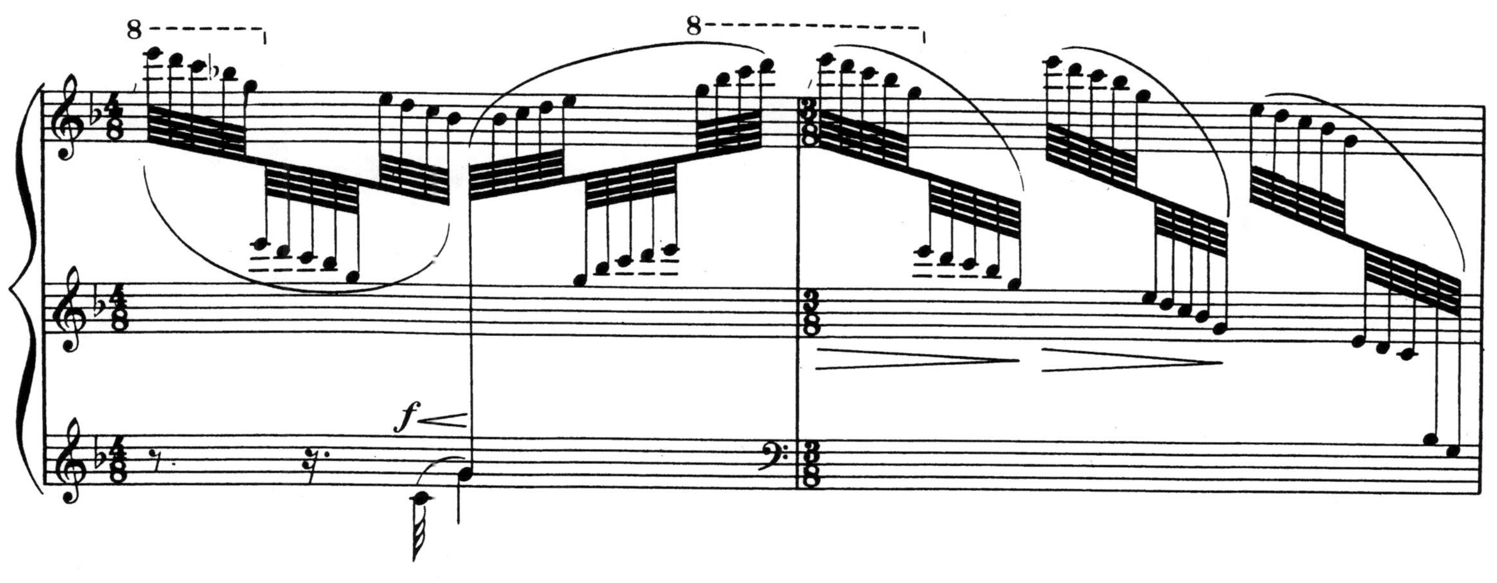

f

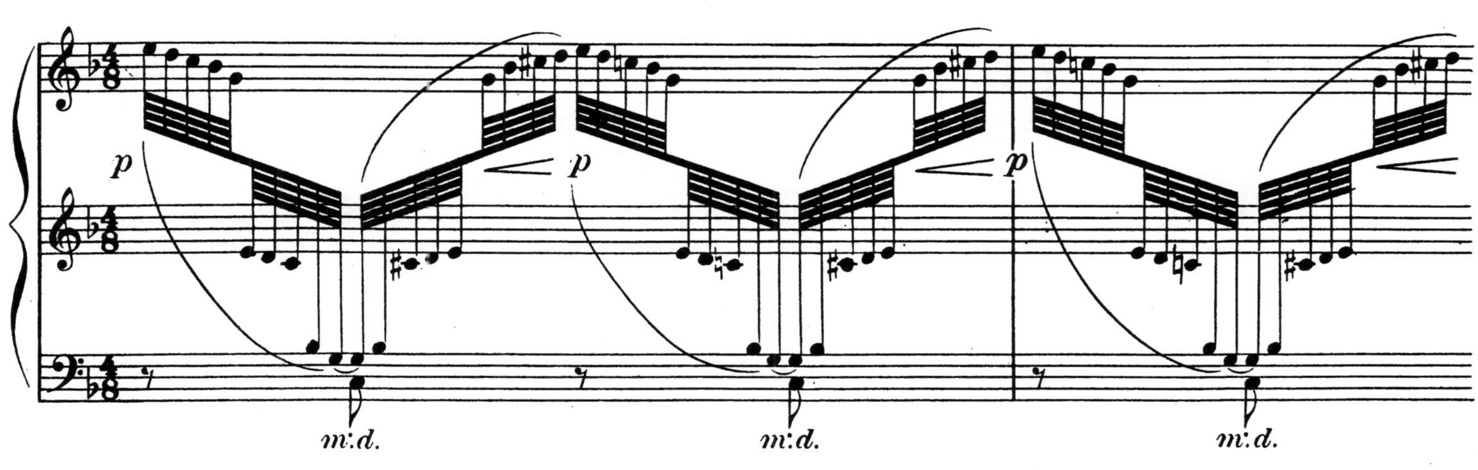

p
p
p
m.d.
m.d.
m.d.

più p
f
m.d.
p

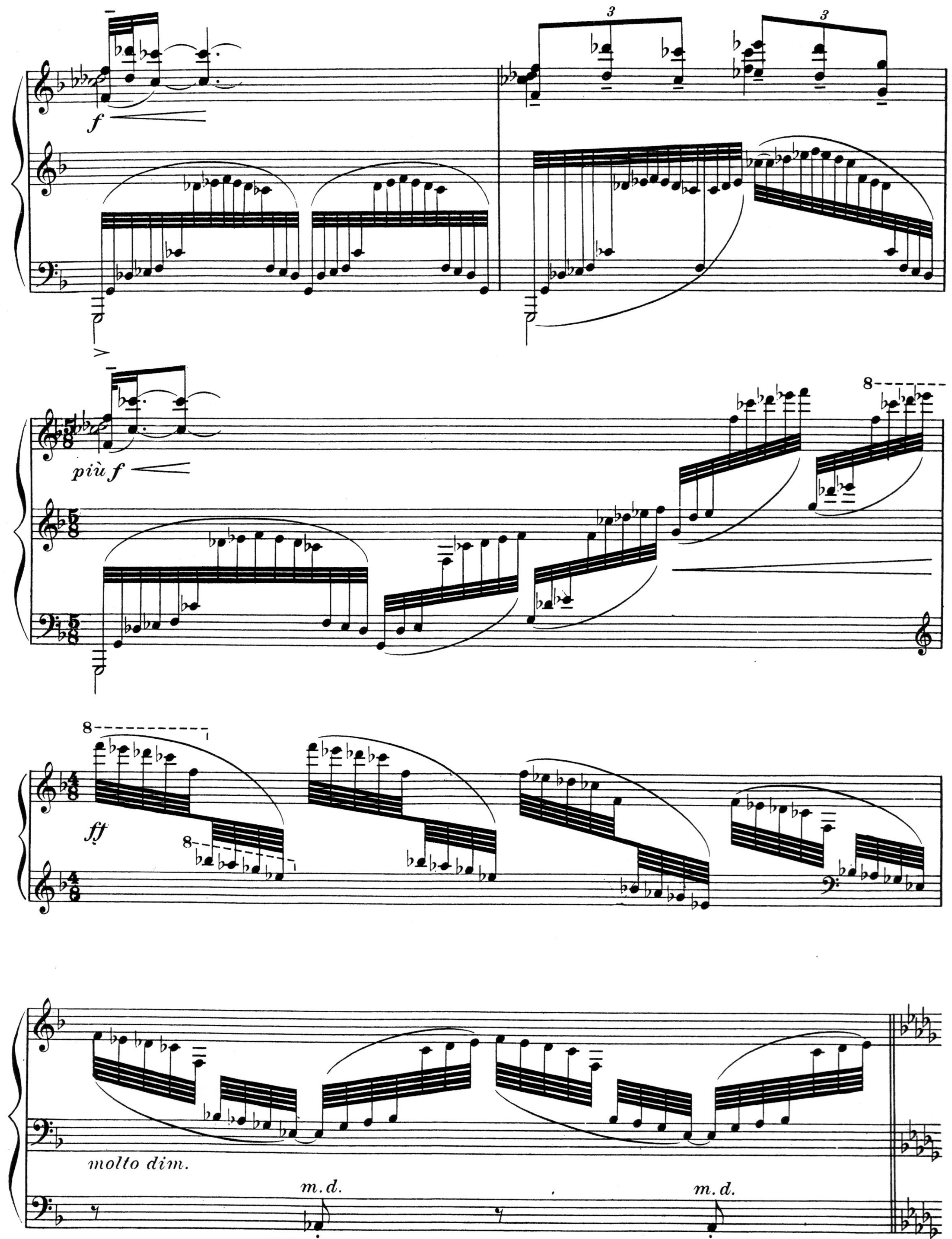

Scherzando
p subito
mf
p
3
3
3
3
poco cresc.
piu p
pp
molto cresc.
8va
f
strident
pp
3
f
strident
pp
3
8va
pp (laissez vibrer)
pp (laissez vibrer)
8va
8va
Retenu

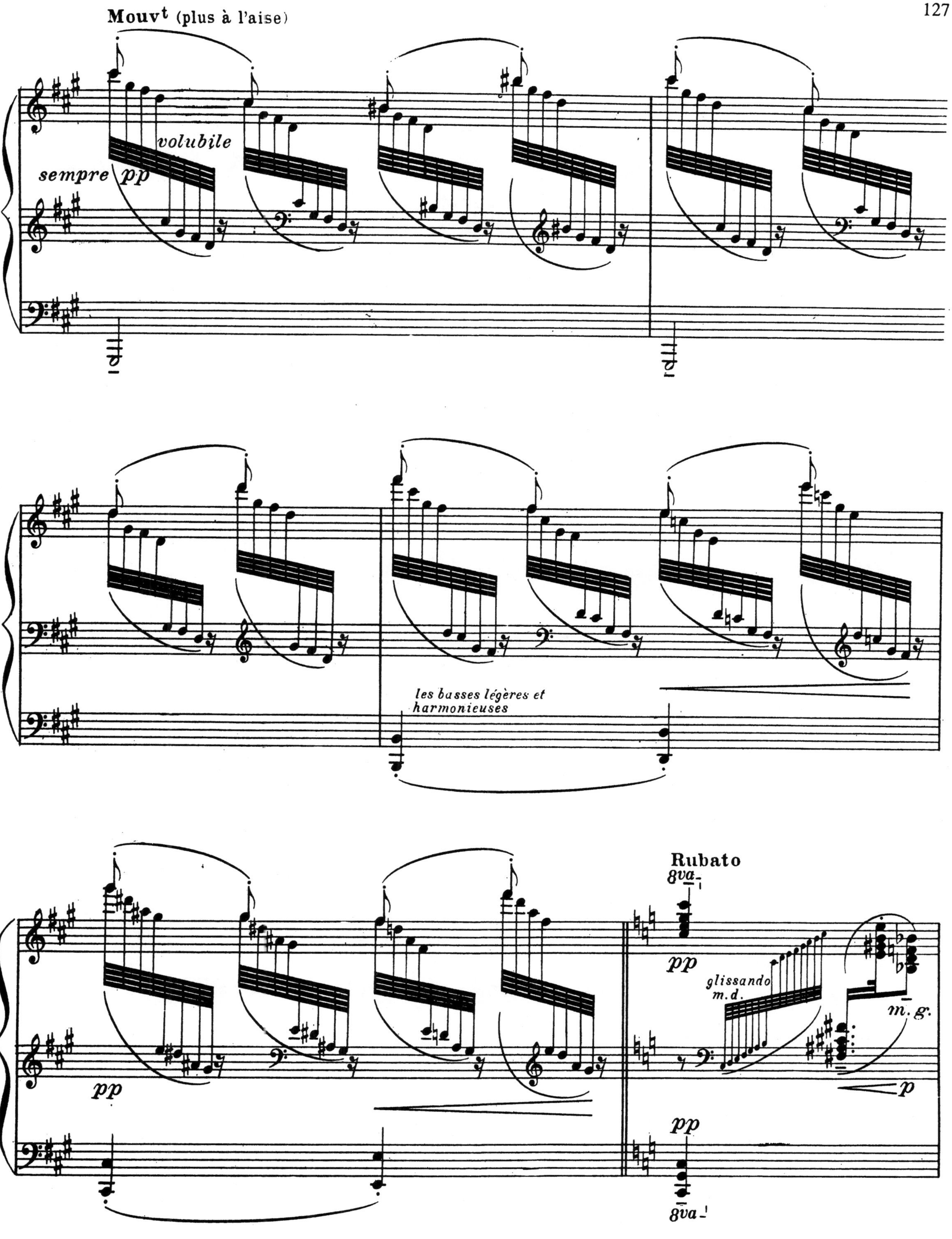

Mouv.t (plus à l'aise)
sempre pp
volubile
les basses légères et
harmonieuses
pp
Rubato
8va
pp
glissando
m.d.
m.g.
pp
pp
8va

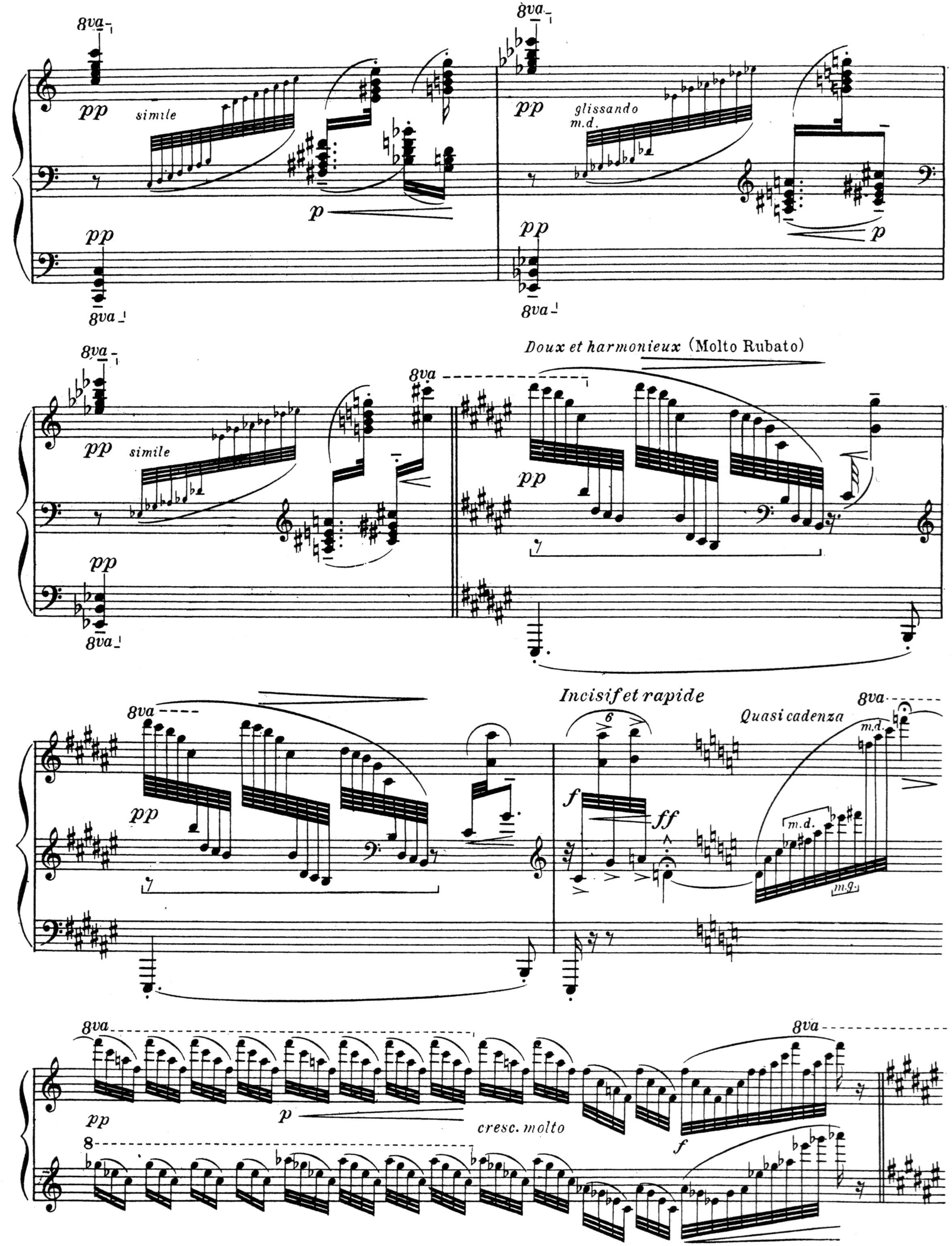
Doux et harmonieux (Molto Rubato)
Incisif et rapide
Quasi cadenza

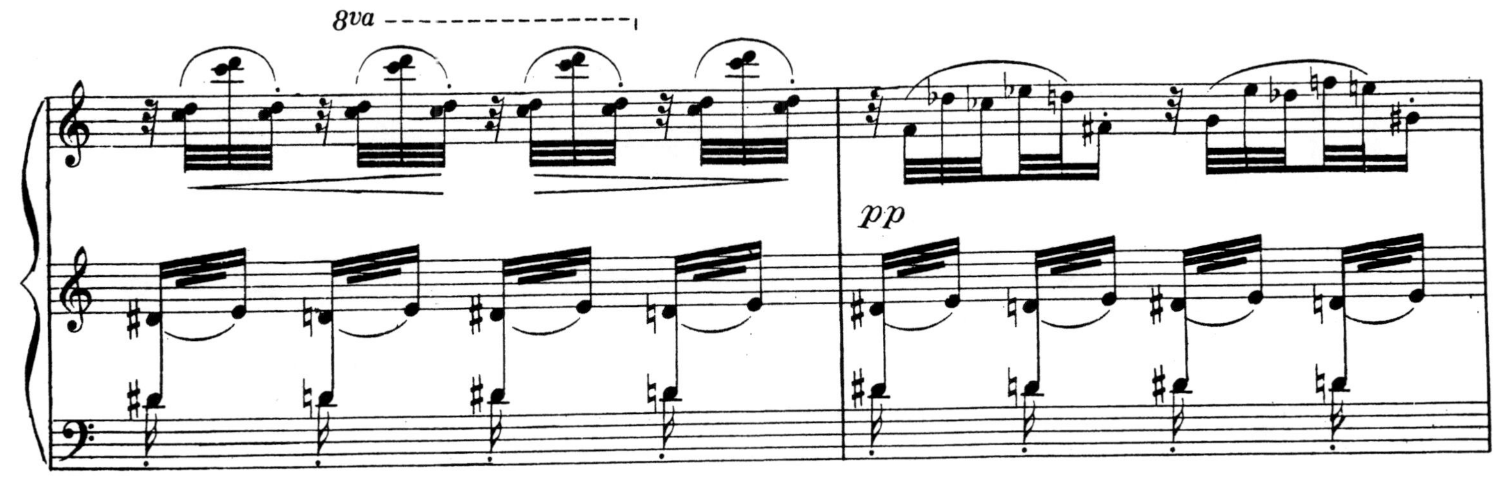

Tempo (Rubato)
8va
pp
pp
pp
8va
pp
Incisif
f
più f
Mouvt
pp subito
8va
pp

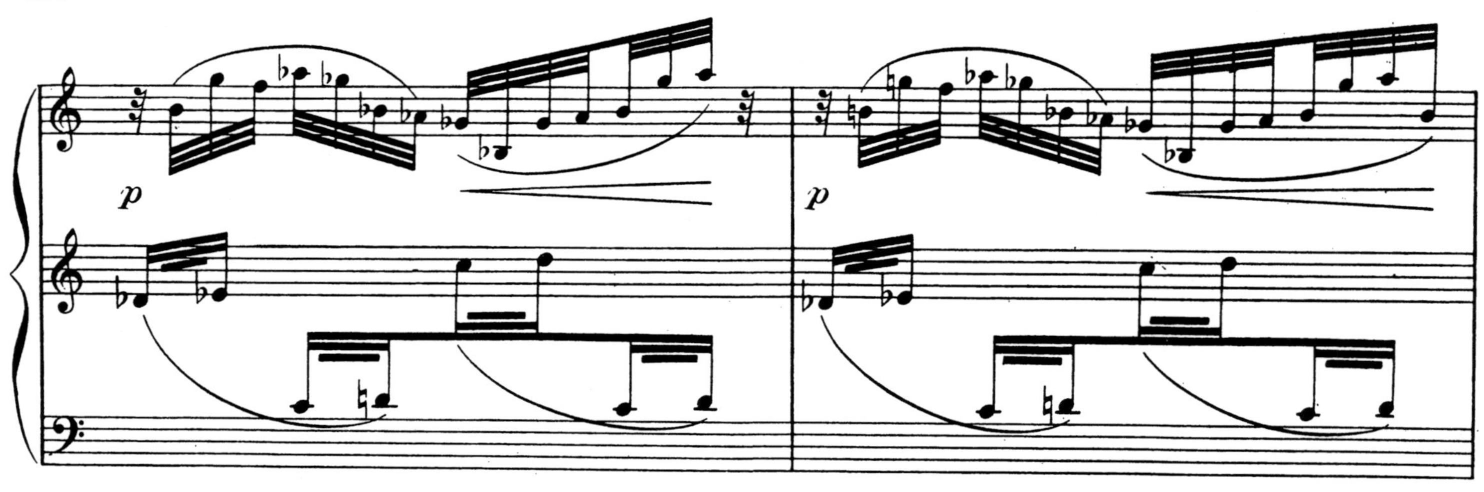
p
p

p
cresc.

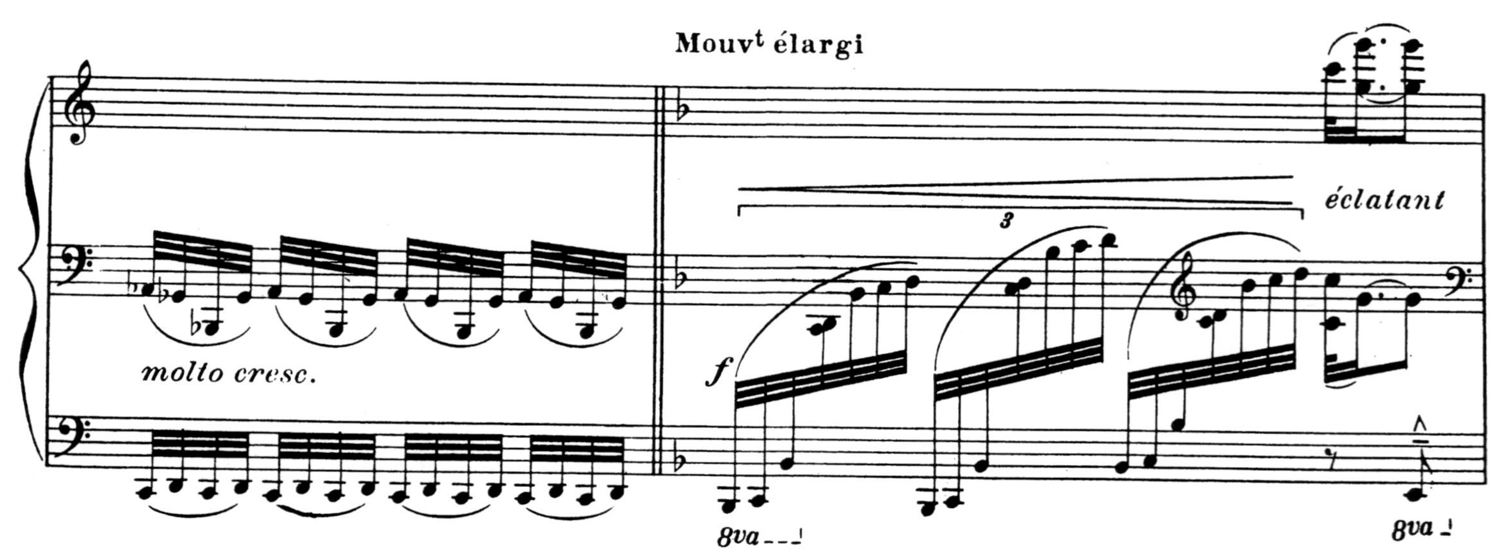
Mouv^t élargi
éclatant
molto cresc.
f
8va
8va

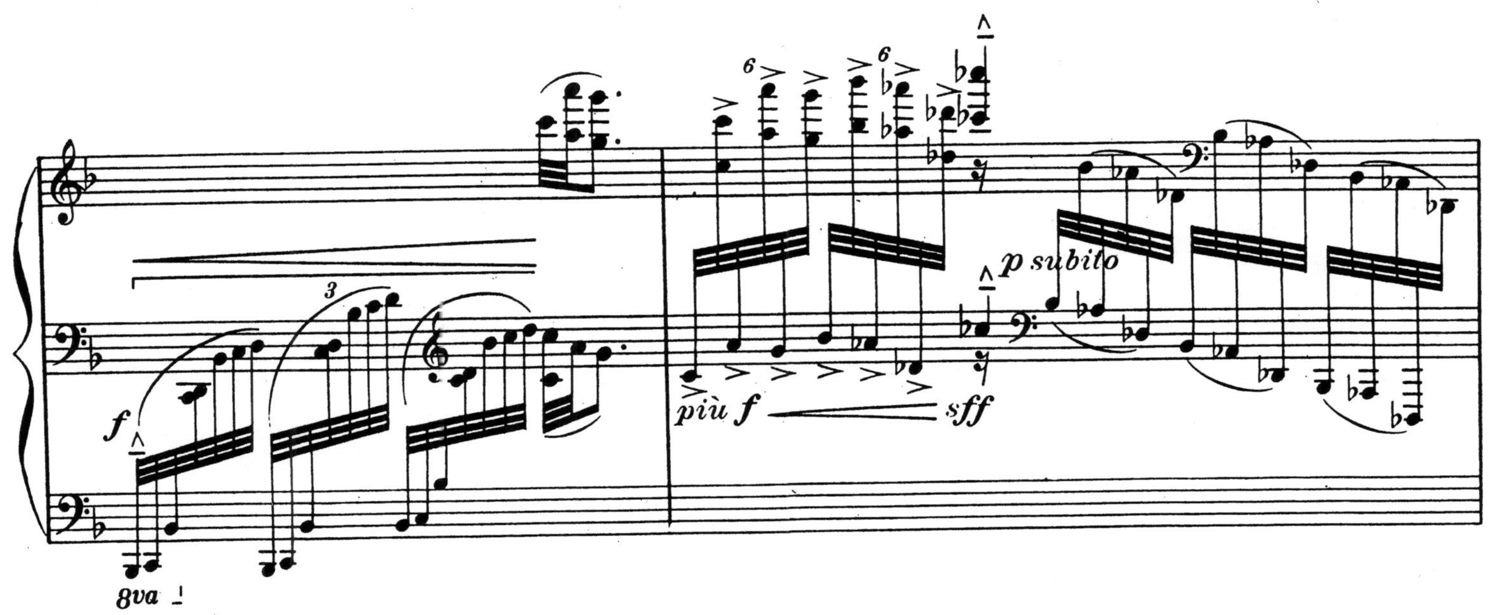
6
6
p subito
piu f
sff
f
8va

3
3
f
f
8va
8va

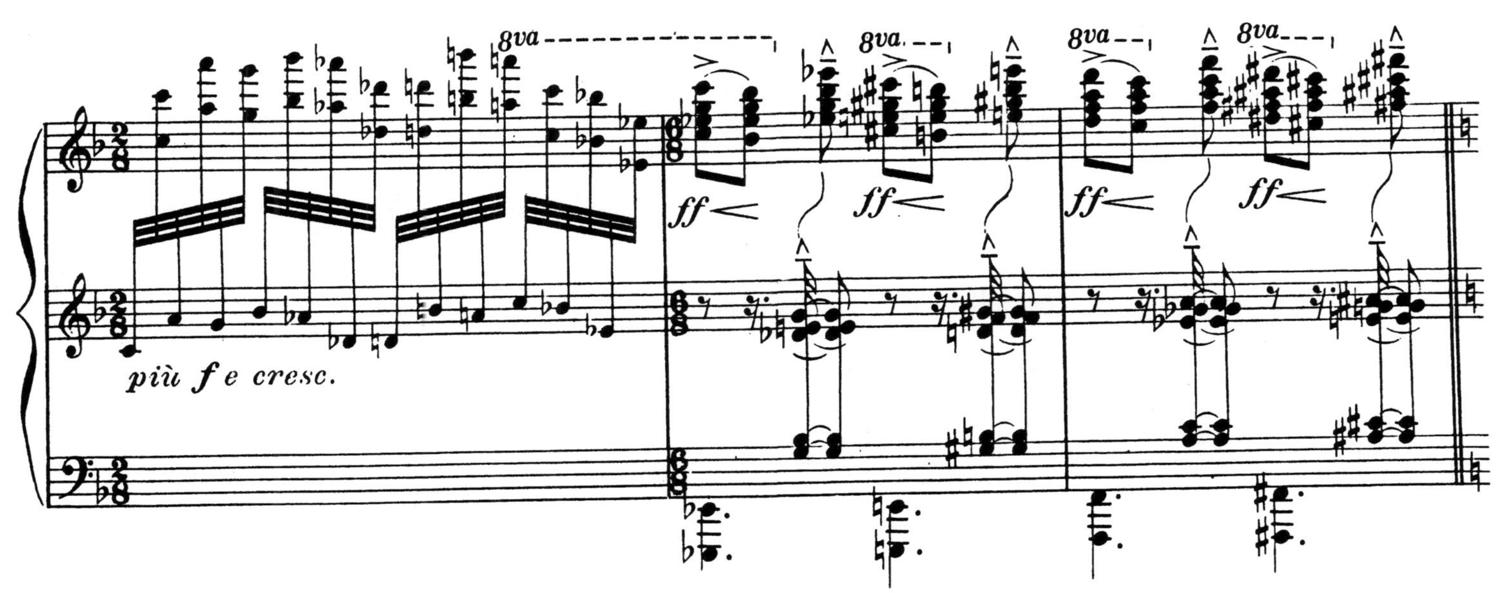
8va
8va
8va
8va
ff
ff
ff
ff
piu f e cresc.

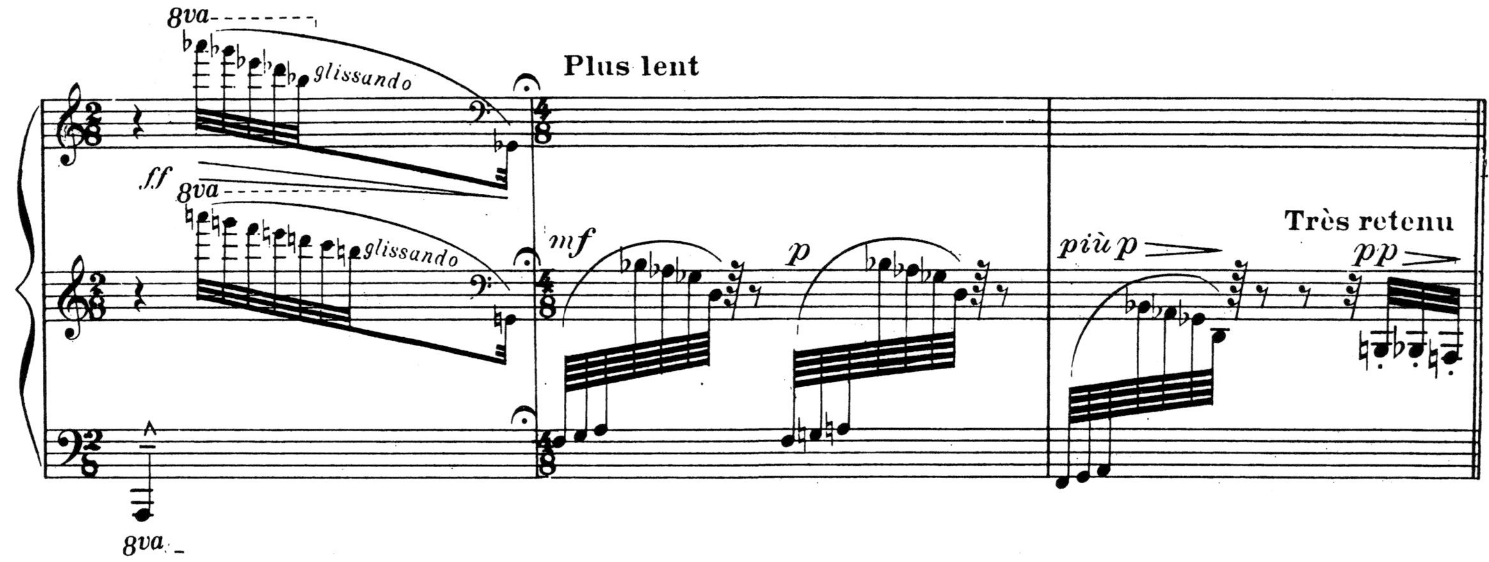

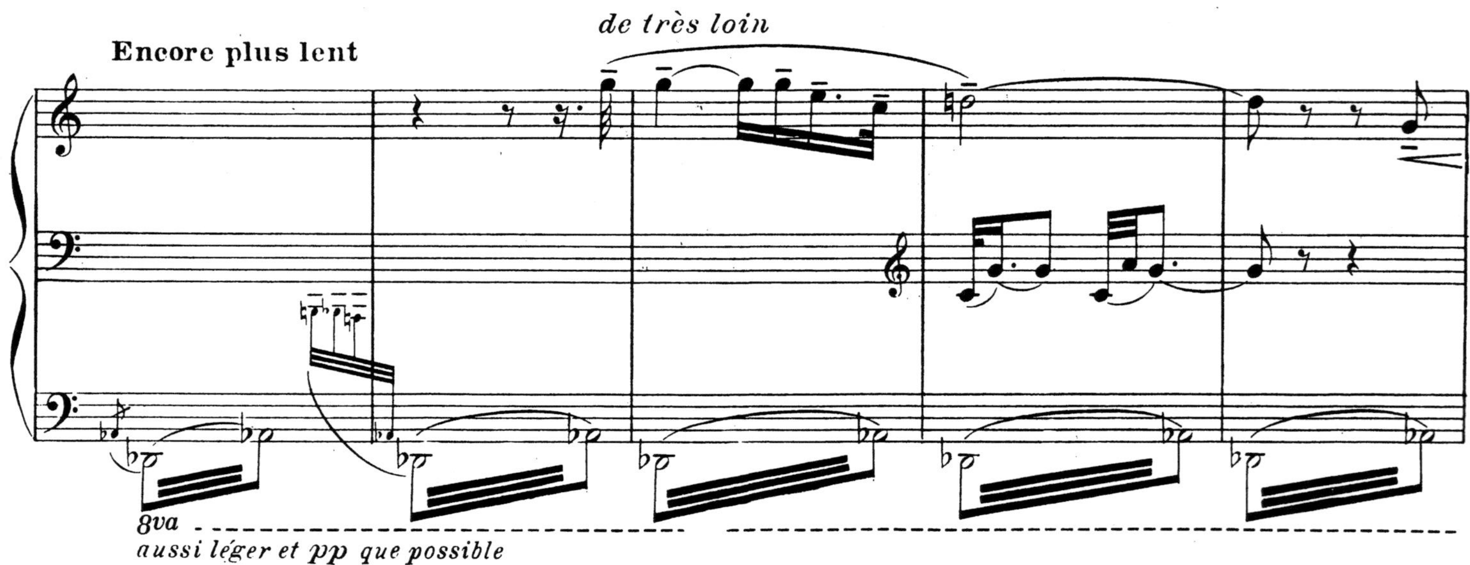

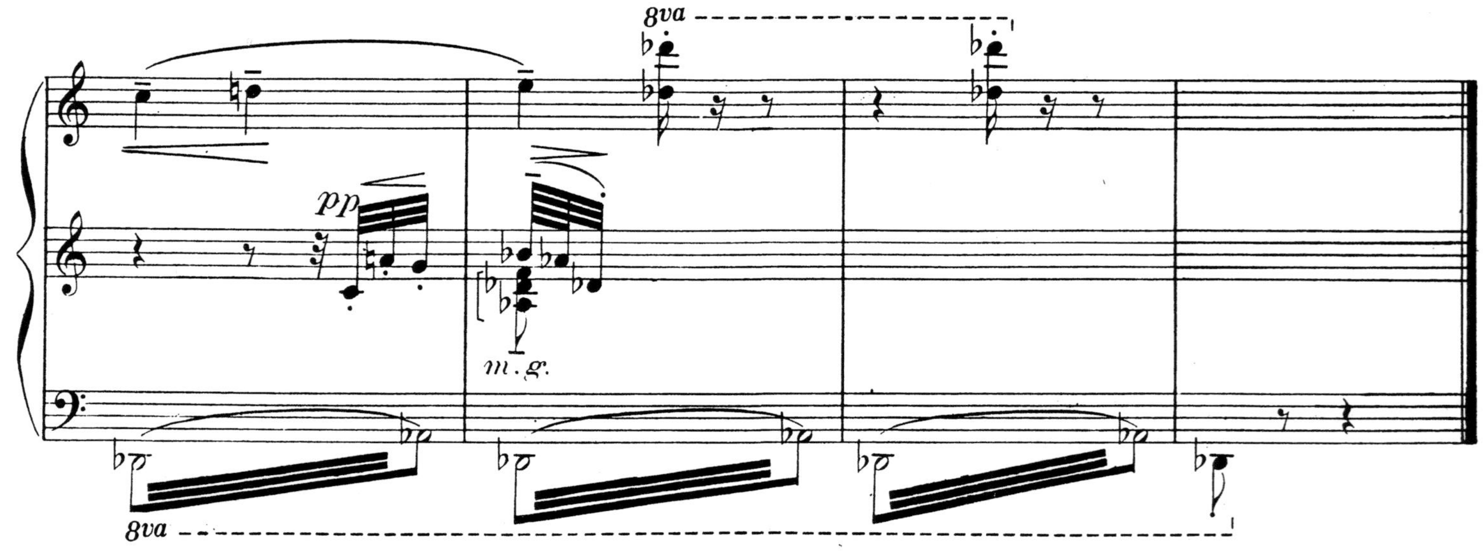

(... Feux d'Artifice)